예수
믿으면
행복
해질까

예수 믿으면 행복해질까

ⓒ 생명의말씀사 2015

2015년 9월 15일 1판 1쇄 발행
2017년 1월 17일   11쇄 발행

펴낸이 | 김재권
펴낸곳 | 생명의말씀사

등록 | 1962. 1. 10. No.300-1962-1
주소 | 서울시 종로구 경희궁1길 5-9(03176)
전화 | 02)738-6555(본사) · 02)3159-7979(영업)
팩스 | 02)739-3824(본사) · 080-022-8585(영업)

글, 그림 | 이철환

기획편집 | 서정희, 김세나
디자인 | 박소정, 조현진
인쇄 | 영진문원
제본 | 정문바인텍

ISBN 978-89-04-16523-0 (03230)

저작권자의 허락없이 이 책의 일부 또는 전체를
무단 복제, 전재, 발췌하면 저작권법에 의해 처벌을 받습니다.

예수
믿으면
행복
해질까

이철환 글·그림

생명의말씀사

"하나님이 모든 것을 지으시되

때를 따라 아름답게 하셨고

또 사람들에게는 영원을 사모하는 마음을 주셨느니라

그러나 하나님이 하시는 일의 시종(始終)을

사람으로 측량할 수 없게 하셨도다"

(전 3:11)

목차

10   **프롤로그** _ 형편없는 믿음을 가진 자의 신앙고백

12   내겐 분별력이 있는가?
23   거듭되는 실패
27   나는 항상 너와 함께 있다
34   아픔이 가르쳐 준 것들
38   죽고 싶었던 나날들
40   내 안에 살고 있는 괴물
48   벼랑 끝에 서서
51   산산이 부서지다
55   기도
58   창가에 서서 예배를 드리다

66 어린 딸의 편지

70 아내의 기도

73 아, 연탄길

78 하나님의 은혜

80 하나님이 달아 주신 날개

83 연탄길 나눔터

88 꽃이 말해 줄 거야

92 성경을 통해 얻은 깨달음

100 바보 예수

109 장미꽃 화분

117 다시 벼랑 끝으로

120 진정한 위로

128 고통의 섬에서

131 눈 치우는 아버지

133 하나님이 주신 깨달음

135 쉽게 사라지지 않는 두려움

139 내게 능력주시는 자 안에서 내가 모든 것을 할 수 있느니라

145 어둠의 빛

147 뮤지컬 연탄길

153 강아지 밥그릇

158 악어거북

164 분별력을 가르치시는 하나님

178 어린 고릴라처럼

182 하나님 믿으면 기쁜 일만 생기나요?

186 사랑하는 사람들보다 하나님을 더 사랑해야 하는 이유

191 주님, 저를 불쌍히 여겨 주세요

196 기도한 대로 이루어지지 않아도 기도를 포기하지 않는 것,
그것이 믿음이라고 배웠습니다

203 오렌지를 그릴 것인가, 오렌지의 향기를 그릴 것인가?

212 기도하는 자는 결코 불행해지지 않는다

220 저의 신앙은 어린 새의 모습을 닮았습니다

226 집으로 가는 길

프롤로그 _

형편없는 믿음을 가진 자의 신앙고백

이 이야기는 굳은 신앙을 가진 자의 이야기가 아닙니다. 이 이야기는 형편없는 믿음을 가진 자가 하나님의 은혜를 통해 거듭난 사람이 되었다는 이야기는 더욱 아닙니다. 이 이야기는 언젠가는 하나님의 신실한 자녀로 거듭나고 싶은, 지금은 형편없는 믿음을 가진 자의 신앙고백일 뿐입니다.

이 글은 제 아픔에 대한 기록이 아닙니다. 한 개인의 아픔에 대한 기록이, 그것도 분별력이 없어 당한 개인의 아픔이 독자들에게 무슨 의미가 있겠습니까?

하나님 밖에서 하나님 안으로 들어가는 것보다, 하나님 안에서 하나님 안으로 들어가는 것이 제겐 더 힘들었습니다.

보잘것없는 저의 글을 시작하며 분에 넘치는 바람 한 가지가 있습니다. 절망으로 가득했던 저의 이야기를 통해 누군가가 하나님을 만날 수 있기를 바랍니다. 하나님을 만나신 분들이 더 깊은 하나님을 만날 수 있기를 바랍니다. 하나님은 어리석고 미련한 자를 택하여 하나님의 의(義)를 드러내신다 하셨기에 저는 용기를 낼 수 있었습니다.

아울러 한 가지를 더 말씀드려야 할 것 같습니다. 이 책은 강연을 책으로 엮은 것이 아닙니다. 제가 말씀드리는 이야기가 독자들 마음속에 눈송이처럼 쌓이기를 바라는 마음에, 이야기를 들려주듯 그렇게 글을 쓰고 싶었을 뿐입니다.

내겐 분별력이 있는가?

기린입니다. 밀림 속에 살고 있는 기린이 아니네요. 여러분이 보시는 것처럼 기린 두 마리가 쇠창살 속에 갇혀 있습니다. 기린은 왜 쇠창살 속에 갇혔을까요? 우리는 기린을 향해 어쩌다 아름다운 밀림을 빼앗기고 쇠창살 속에 갇혔느냐고, 너의 욕망이 덫이 되어 너를 가둔 것은 아니냐고, 물을 수도 있습니다. 그런데 말이죠. 내 생각이 틀릴 수도 있다고 생각하는 사람은 우리와 전혀 다른 풍경을 볼 수도 있습니다.

그림을 다시 한 번 자세히 보시기 바랍니다. 다른 풍경이 보이시는 지요? 다른 풍경이 보이시는 분은 말씀해 주셔도 좋을 것 같습니다. 다시 말씀드리지만 내 생각이 틀릴 수도 있다고 생각해야만 비로소 볼 수 있는 풍경일지도 모릅니다.

쇠창살 속에 갇힌 것은 기린인가, 나인가?

다른 풍경을 보셨는지요? 내 생각이 틀릴 수도 있다고 생각하는 사람에겐 실제로 정반대의 풍경이 보일 수도 있겠네요.

"쇠창살 속에 갇힌 것은 기린인가, 나인가?"

쇠창살 속에 갇힌 것이 기린이 아니라 나일 수도 있다는 것이지요. 기린이 쇠창살 바깥에 서서 쇠창살 안에 갇혀 있는 나를 바라보고 있는 것인지도 모른다는 것입니다. 기린 두 마리의 눈을 주의 깊게 보시기 바랍니다. 기린의 눈이 쇠창살의 구멍을 정확히 맞추고 쇠창살 속에 갇혀 있는 나를 바라보고 있는 것 같지 않은지요.

기린을 향해 우리는 항변할 수 있습니다.
"우리는 자유로워. 마음만 먹으면 우리가 원하는 곳은 어디라도 갈 수 있고, 우리가 먹고 싶은 것도 먹을 수 있고, 친구들과 재밌게 놀 수도 있거든. 휴일이면 소풍을 갈 수도 있고, 영화도 볼 수 있거든. 우리는 정말로 자유롭다고. 정말이야……."

우리의 항변을 듣고 기린은 뭐라고 할까요? 기린은 우리를 향해 이렇게 말할 수 있습니다.

"미안하지만 당신들은 물질만능주의라는 쇠창살 속에 갇혀 있지 않나요? 당신들은 외모지상주의라는 쇠창살 속에 갇혀 있고, 학벌지상주의라는 쇠창살 속에도 갇혀 있지 않나요? 그리고 당신들은 고정관념이나 편견이라는 쇠창살 속에도 갇혀 있지 않나요? 무엇보다도 당신들은 당신들이 만든 시간이라는 쇠창살 속에 갇혀 있지 않나요?"

만일 기린이 저를 향해 이렇게 말한다면 저는 할 말이 없습니다. 여러분은 어떠신지요?

기린을 다시 한 번 유심히 바라보시죠. 기린의 눈빛이 평화로워 보이지 않나요? 쇠창살 속에 갇힌 것은 진짜 우리들인지도 모릅니다. 이처럼 우리의 생각은 얼마든지 틀릴 수도 있습니다. "쇠창살 속에 갇힌 것은 기린인가, 나인가?"는 바로 저를 향해 던진 질문이었습니다.

저는 이 그림에 대한 생각을 소설가 이외수 선생님의 치열한 삶 속에서 얻었습니다. 세상과 단절하고 오직 글만 쓰기 위해 그는 오랜 기간 동안 자신을 감옥 안에 가두었습니다. 그의 작업실에 실제 감옥에 있는 것과 같은 철문까지 만들어 놓았다지요. 자신이 만들어 놓은 감옥 안으로 들어가 그는 목숨 걸고 글을 쓴 것입니다. "세상이 나를 감옥에 가둔 것이 아니라 내가 글을 쓰기 위해, 세상을 감옥에 가둔 것"이라고 그는 당당히 말했습니다. 그의 작품들이 오랜 시간 동안 독자들의 사랑을 받을 수 있는 것은 극한까지 자신을 몰고 갔던 그의 진정성이 있었기 때문입니다.

실제로 우리는 우리가 생각하는 것보다 많은 고정관념과 편견을 가지고 살아갑니다. 우리의 고정관념이나 편견은 우리로 하여금 누군가를 향해 "도무지 당신을 이해할 수 없어"라고 말하게 합니다. 우리는 기껏해야 우리가 이해하고 싶은 것만 이해하며 살아갈 뿐이면서 말입니다. 상대가 왜 그럴 수밖에 없었는지는 알려고 하지 않고, "도무지 당신을 이해할 수 없어"라고만 말할 때가 많습니다.

우리의 내면에 만들어 놓은 우리의 고정관념이나 편견의 성은 아주 높고 견고해 그 누구도 들어올 수 없습니다. 우리가 만든 성문의 높은 곳에 '진리'라는 이름의 깃발까지 세워 놓았으니 그 누구도 들어올 엄두를 내지 못하는 것이겠지요.

문제는 우리 자신도 우리가 만들어 놓은 성 밖으로 쉽게 나갈 수 없다는 것입니다. 우리가 만들어 놓은 고정관념이나 편견의 성은 우리를 우물 안 개구리로 만듭니다. 우리는 우리만의 생각에 갇혀 일생을 살아갈 수도 있습니다.

그러나 얼마나 다행입니까. 고정관념과 편견으로 만들어진 그 '견고한 성문'은 안으로 잠겨 있다는 것입니다. 안으로 잠겨 있으니 내가 마음만 먹으면 성문을 열 수 있다는 것이지요. 열려진 성문으로 다른 사람도 자유롭게 들어오고 나도 자유롭게 나갈 수 있는 것입니다. 그럴 수 있다면 분명 나의 세계는 이전보다 풍요로워질 것이고 나의 삶도 더욱 풍요로워질 것입니다.

한 가지 문제는 남아 있습니다. 우리가 만든 고정관념이나 편견의 성문엔 커다란 자물쇠가 채워져 있기 때문입니다. 굳게 잠긴 성문의 자물쇠를 열 수 있는 열쇠는 무엇일까요? 잠시 동안 생각해 보시기 바랍니다.

굳게 잠긴 성문의 자물쇠를 열 수 있는 열쇠는 무엇일까요?
(   )

굳게 잠긴 성문의 자물쇠를 열 수 있는 열쇠는 무엇일까요?
("내 생각이 틀릴 수도 있다.")

보시는 것처럼 굳게 잠긴 성문의 자물쇠를 열 수 있는 열쇠는 나 자신을 향해 "내 생각이 틀릴 수도 있다"라고 나직이 말해 주는 것입니다. 단지 이러한 고백만으로도 굳게 잠긴 성문이 열릴 수 있습니다.

앞에서도 말씀드린 것처럼 '내 생각이 틀릴 수도 있다' 는 당당한 고백만으로도 우리는 이전에 미처 볼 수 없었던 것을 볼 수도 있습니다. 놓치고 있었던 것이 무엇인지 알게 될 수도 있다는 것이지요. '내 생각이 틀릴 수도 있다' 는 고백만으로도 우리는 악마가 파 놓은 함정을 피해 갈 수도 있습니다. '내 생각에 대한 확신' 은 때때로 나를 위험에 빠뜨리기도 하니까요. 물론 '내 생각이 틀릴 수도 있다' 고 자신을 향해 몇 번을 묻고 또 물어도 흔들림이 없다면 내 생각은 마땅히 존중돼야 할 것입니다.

"내 생각이 틀릴 수도 있다."

이 말은 쉽게 할 수 있는 다짐도 아니고, 쉽게 할 수 있는 고백도 아닙니다. 하지만 어쩌다 한 번만이라도 이렇게 고백할 수 있다면 우리는 더 나은 결과를 얻을 수도 있습니다.

저는 누군가에게 깨우침을 주려고 이 글을 쓰지 않았습니다. 이 글을 쓴 것도 저였지만 이 글을 통해 깨달음을 얻어야 할 사람 또한 바로 저였습니다. 저는 수많은 삶의 시행착오를 거쳐 여기까지 왔기 때문입니다. 제게 분별력이 있었다면, 더 깊은 신앙생활을 통해 하나님이 가르쳐 주신 올바른 분별력을 가지고 있었다면 제가 겪었던 두 번의 커다란 아픔은 없었을 것입니다. 하나님의 선하시고 기뻐하시고 온전하신 뜻이 무엇인지 알았다면 그토록 오랜 시간 동안 한 치 앞도 보이지 않는 캄캄한 시간을 보내지 않았을 것입니다.

신앙생활을 하는 동안 기쁨도 많았지만 슬픔도 많았습니다. 예수님을 믿고 나면 기쁜 일만 있을 줄 알았는데 슬픈 일도 많았습니다. 하지만 분명한 것은 예수님이 계시지 않았다면 제가 지나온 삶이 잘못된 삶이었음을 저는 알지 못했을 것입니다. 예수님을 믿지 않았다면 절대로 볼 수 없는 것들이 있었습니다. 예수님이 계시지 않았다면 저는 제가 어떤 사람인지 몰랐을 것입니다. 예수님이 계시지 않았다면 제가 무엇을 위해 살아야 하는지도 몰랐을 것입니다. 예수님이 계시지 않았다면 저는 틀림없이 지금보다 타락한 인간이 되고 말았을 것입니다.

거듭되는 실패

오래전 일입니다. 저의 두 번째 작품인 〈연탄길〉 원고를 출판사로 보냈습니다. 출판사 열 곳을 마음속으로 정했고, 가장 마음에 드는 출판사부터 한 곳씩 차례대로 보내기로 마음먹었습니다. 출판사 열 곳에 원고를 동시에 보낼까도 생각했지만 달리 마음먹었습니다. 가장 마음에 드는 출판사부터 순서대로 보내는 것이 좋을 것 같았습니다. 자신감이 있었기 때문입니다. 무명 글쟁이의 글을 선뜻 받아줄 출판사는 없지만, 첫 번째 출판사에서 채택될 것이라 저는 믿었습니다.

원고를 보낸 후 전화벨이 울릴 때마다 심장이 쿵쿵거렸습니다. 전화기 저편에서 "이렇게 좋은 원고를 왜 이제야 보내셨습니까, 당장 출판사로 오셔서 계약하시지요"라고 말할 것만 같았습니다. 3개월을 기다렸지만 그런 일은 일어나지 않았습니다. 원고를 받았다는 말도 없었고, 원고가 마음에 들지 않는다는 말도 없었습니다.

두 번째 출판사로 보내야겠다고 마음먹었습니다. 두 번째 출판사로 보내기 전에 먼저 해야 할 일이 있었습니다. 원고를 첫 번째로 보낸 출판사의 담당자가 제 원고를 읽었다고 가정한다면, 담당자로부터 원고의 문제점을 듣는 게 좋겠다는 생각이 들었습니다.

용기를 내어 출판사로 갔습니다. 출판사 담당자는 제가 보낸 원고의 전반부를 읽어 보았는데 마음에 들지 않았다고 했습니다. 출판사 담당자에게 무엇이 문제인지를 좀 더 정확히 말해 달라고 부탁했습니다. 문제점이 있다면 고쳐야 했기 때문입니다. 담당자는 저에게 자신의 생각을 솔직히 말해 주었습니다. 집으로 돌아오며 곰곰이 생각했지만 원고에 대한 담당자의 의견은 수용할 수 있는 것도 있었고 수용할 수 없는 것도 있었습니다. 솔직히 말씀드리면 담당자가 보석을 알아보지 못한 것이라는 생각이 더 많이 들었습니다.

두 번째 출판사로 원고를 보냈습니다. 5개월을 기다렸지만 아무런 연락도 없었습니다. 출판사로 찾아가 담당자를 만났습니다. 담당자는 마뜩치 않은 표정을 지어 보이며 제가 보낸 원고에 대해 전혀 아는 바가 없다고 말했습니다. 다행히도 여분의 원고를 가지고 갔던 터라 검토해 줄 것을 정중히 부탁할 수 있었습니다. 담당자는 검토 후 전화를 주겠다고 했습니다.

그 후로 한 달을 기다려도 연락이 오지 않았습니다. 다시 출판사로 갔습니다. 원고의 문제점이 무엇인지 알아야 했기 때문입니다. 담당자는 자신의 생각을 솔직히 말해 주었습니다. 담당자의 의견은 수긍할 수 있는 것도 있었고 수긍할 수 없는 것도 있었습니다. 수긍할 수 있는 부분은 원고를 대폭 수정해야 했습니다.

그 후 같은 방식으로 원고를 보냈고 출판사 다섯 곳에서 거절을 당했습니다. 다행히도 원고를 우편으로 보내지 않고 출판사로 가서 담당자에게 직접 전해 주었으니, 거절을 당했을 때도 거절당한 이유를 분명히 알 수 있었습니다. 거절당한 이유는 마음 아팠지만 원고를 고치는 데 아주 중요한 역할을 해 주었습니다.

다섯 번 거절당하는 동안 3년이 지났습니다. 출판사 한 곳에서 보통 3개월에서 6개월을 기다렸으니 그 사이 3년이 지나 버린 것입니다. 보람도 없이 지나간 3년의 시간은 단지 무의미한 시간이 아니었습니다. 다섯 번 거절당하는 동안 저는 원고를 꽤 많이 수정할 수 있었습니다. 아예 원고를 빼 버리거나 새로 쓴 부분도 많았습니다. 3년 동안 다섯 번의 거절을 당하며 저는 분명한 한 가지를 깨달을 수 있었습니다. 제가 쓴 원고가 형편없다는 것을 저는 분명히 인정할 수 있었습니다. 무명 글쟁이의 글이라 계속 거절당한 것이라 핑계 대고 싶었지만 그럴 수 없었습니다. 무명 글쟁이의 글인데도 한두 번 만에 채택되는 원고가 있으니 그렇게 핑계 댈 수도 없었던 것입니다.

무기력증에 빠져 한동안 아무것도 할 수 없었습니다. 첫 번째 출간한 책의 참혹한 실패 후 죽을힘을 다해 원고를 썼지만 저를 글쟁이로 인정하는 사람은 아무도 없었습니다. 저를 글쟁이로 인정하는 사람은 아내와 '봉구'라는 제 친구 한 명뿐이었습니다.

나는 항상 너와 함께 있다

깊은 절망에 빠져 있던 어느 겨울이었습니다. 저녁 무렵 친구 봉구의 전화를 받고 인사동으로 나갔습니다. 찻집 앞마당엔 잎이 모두 떨어진 감나무 두 그루가 서 있었습니다. 봉구는 감나무를 바라보며, 지난 봄에 주인 몰래 이 집 감나무에서 따 간 어린잎으로 차를 끓여 마셨는데 맛이 기막혔다고 히죽히죽 웃으며 말했습니다.

봉구는 잠시 저를 바라보다가 새로 시작한 소설은 잘돼 가냐고 물었습니다. 그럭저럭 쓰고 있다고 말했지만 앞날에 대한 확신도 없이 제자리걸음만 하고 있을 때였습니다. 잘 다니던 직장을 그만두고 몇 년째 소설에만 매달리고 있었던 터라 형편도 넉넉지 않은 시절이었습니다. 제 쓸쓸함을 알아챈 듯 봉구는 저의 근황에 대해 더 이상 묻지 않았습니다. 봉구는 찻집 마당에 서 있는 감나무를 바라보며 나이가 들수록 나무가 좋아진다고 말했습니다.

어둑할 무렵 봉구와 함께 인사동 길을 걸었습니다. 길가 한쪽에서 할머니가 강아지를 팔고 있었습니다.

"와! 예쁘다."

봉구가 호들갑을 떨며 강아지 앞에 쪼그려 앉았습니다. 싸게 드릴 테니 한 마리 사 가라고, 할머니가 말했습니다. 할머니가 건넨 말에 봉구는 멋쩍게 웃기만 했습니다. 여섯 마리 있었는데 다 팔고 이제 두 마리만 남았다고, 네 마리는 진즉에 팔았는데 두 마리가 남아 애를 태운다고, 할머니가 말했습니다.

"할머니, 강아지들도 예쁜 강아지가 먼저 팔리지요?"

봉구가 강아지 한 마리를 들어 올리며 할머니에게 물었습니다.

"그렇겠지요. 아무래도 예쁜 놈들이 먼저 팔리고 미운 놈들이 나중에 팔리겠지요. 그래도 이렇게 두 마리 남았을 땐 마음이 괜찮은데 한 마리만 남으면 보기 딱해요. 제일로 못나서 마지막까지 남았겠지 생각하면 마음이 짠하잖아요. 사람이든 짐승이든 못난 것들은 이리 치이고 저리 치이는 법이니까요. 싸게 드릴게 한 마리 사 가세요."

할머니는 간절한 눈빛으로 말했습니다.

"할머니, 죄송한데요. 차 마시고 밥 먹느라 돈을 다 써 버렸어요."

봉구는 빈죽 좋은 웃음을 흘리며 할머니에게 말했습니다. 할머니도 봉구를 보며 호물호물 웃었습니다.

봉구와 헤어져 버스 정거장으로 갔습니다. 버스를 타고 집으로 돌아오는 내내 어린 딸아이를 생각했습니다. 딸아이는 오래전부터 강아지를 사 달라고 제게 졸랐습니다. 다음 날이 딸아이 생일이라 마음은 더 짠했습니다.

다음 날, 아내와 딸아이와 함께 명동으로 갔습니다. 칼국수도 먹었고 아내와 딸아이의 머리핀도 샀습니다. 이 집 저 집 돌아다니며 딸아이 생일 선물로 강아지 인형도 사 주었습니다. 집으로 돌아오는 버스에서 작은 목소리로 딸아이에게 노래를 가르쳐 주었습니다. 아이는 강아지 인형을 안고 제 품에서 잠들었습니다. 차창 밖에는 눈이 내리고 있었습니다.

버스에서 내려 집으로 가는 동안에도 눈은 계속 내렸습니다. 잠에서 깨어난 딸아이는 눈 내리는 하늘을 바라보며 길을 걸었습니다.

대문을 열고 집으로 들어섰을 때 딸아이 눈이 휘둥그레졌습니다. 저와 아내의 눈도 휘둥그레졌습니다. 작은 마당에 있는 살구나무 아래에서 강아지 한 마리가 눈을 맞고 있었습니다. 살구나무 밑동에 끈으로 매어져 있는 어린 강아지는 겁먹은 눈빛으로 우리를 멀뚱히 바라보고 있었습니다. 딸아이는 몇 걸음을 달려가 강아지를 품에 안았습니다. 살구나무 아래 편지가 놓여 있었습니다. 봉구가 남기고 간 편지였습니다.

봉구 다녀간다. 도둑처럼 주인도 없는 집 담을 넘었다. 네 딸내미가 생일 선물로 강아지 선물 받고 싶다고 했다면서. 어젯밤 너하고 헤어진 뒤 강아지 파는 할머니한테 다시 갔었다. 남은 두 마리 중에 조금 더 미운 놈을 사 가지고 왔다. 우리 집에서 하루 재우고 오늘 데려왔어. 마지막까지 남겨질 것 같은 이 강아지가 문득 가엾다는 생각이 들었다. 학교 다닐 적 내 모습 같았거든. 나처럼 못나고 공부도 못하는 애들은 어디 가나 찬밥이었으니까……. 예수님은 못난 사람들, 힘없는 사람들을 제일로 사랑하셨는데 말이야. 힘내라. 너는 멋진 소설가가 될 거야……. 나는 항상 너와 함께 있다.

봉구의 편지를 손에 들고 눈 내리는 하늘을 바라보았습니다. 금세라도 눈물이 흘러내릴 것만 같았습니다.

아픔이 가르쳐 준 것들

가족과 봉구의 사랑을 통해 저는 절망을 조금씩 치유 받을 수 있었습니다. 봉구가 다녀간 며칠 뒤 저는 차분한 마음으로 여러 날 동안 원고를 다시 읽었습니다. 제가 쓴 원고가 형편없다는 것을 분명히 알았으니 저는 원고를 모조리 없애 버릴 것인지, 아니면 처음 시작하는 마음으로 원고를 고칠 것인지를 결정해야 했습니다. 시간이 많이 걸리더라도 고치겠다고 마음먹었습니다.

원고를 세심히 고쳤고 더 많은 사람들에게 보여 주었습니다. 원고에 대해서 좋은 말 말고, 문제점을 이야기해 달라고 부탁했습니다. 제 그릇이 아무리 작다고 해도 최선을 다했으니 제 능력의 최대치까지 원고의 수준을 끌어올릴 수 있었습니다. 그 후 한참의 시간이 흐른 뒤 원고를 여섯 번째 출판사로 보냈습니다.

여섯 번째 출판사로 보내기 전, 글 원고와 어울릴 수 있는 31장의 그림도 그렸습니다. 많은 시간을 들여 그림까지 그렸던 것은 원고의 완성도를 높이고 싶었기 때문입니다. 그림을 직접 그렸던 분명한 이유가 있었습니다. 화가처럼 그림을 잘 그리지 못해도, 오직 글을 쓴 사람만이 그릴 수 있는 그림이 있다고 저는 굳게 믿고 있었습니다. 그 후 원고는 여섯 번째 출판사에서 채택되었습니다. 출판사 직원들의 만장일치로 출간이 결정되었다는 것이 무엇보다도 기뻤습니다.

사람은 아픔을 당했을 때 비로소 자기 자신을 정직하게 바라볼 수 있다고 합니다. 사람들의 진심 어린 비판을 외면하지 않을 때 자기 자신과 정직하게 대면할 수 있다고 합니다. 그래서 맹자는 "나라 밖에 적이 없고, 나라 안에 근심이 없는 나라는 반드시 망한다"고 말했나 봅니다. 어째서 맹자는 나라 밖에 적이 없고 나라 안에 근심이 없는 나라는 반드시 망한다고 했을까요? '반대의 목소리'는 불편하지만, '반대의 목소리'가 없을 때 나라든 개인이든 성장을 멈추기 때문입니다. 그러므로 "나라 밖에 적이 없고, 나라 안에 근심이 없는 나라는 반드시 망한다"는 맹자의 말은 "나라 밖에 적이 없고, 나라 안에 '반대의 목소리'가 없는 나라는 반드시 망한다"고 바꾸어 말해도 좋을 것 같습니다.

'반대의 목소리'는 나를 불쾌하게 만들 수도 있지만, 의미 있는 '반대의 목소리'는 나를 성장시킬 수 있습니다. 그러니 '반대의 목소리'에 한 번쯤 세심히 귀를 기울일 필요가 있습니다. '진심 어린 비판'을 험담쯤으로 여긴다면 우리의 성장은 멈출 수도 있기 때문입니다.

청춘에 대해서 말하는 사람들이 있다면 그들은 청춘이 아니라고 합니다. 청춘은 청춘에 대해서 말하지 않는다고 합니다. 청춘은 청춘이 얼마나 아름다운 것인지 모르고 있으니 청춘에 대해서 굳이 말할 리 없다는 것이지요. 청춘이 지났을 때, 비로소 청춘의 아름다움을 알게 된다는 것입니다. 청춘에게 청춘은 당연한 것이기 때문입니다.

또한 자유에 대해서 토론하는 사람들이 있다면 그들은 자유로운 사람들이 아니라고 합니다. 자유에 대해서 토론하는 사람들이 있다면 그들은 자유를 빼앗긴 사람들이라는 것입니다. 자유를 누리고 있는 사람들은 자유에 대해서 토론하지 않을 것 입니다. 자유를 누리고 있는 사람은 자유가 얼마나 소중한 것인지 모르고 있으니 자유에 대해서 굳이 토론할 리 없다는 것이지요. 자유를 누리고 있는 사람들에게 자유는 당연한 것이기 때문입니다.

이와 마찬가지로 사람은 아픔을 당했을 때 비로소 깨닫게 되는 것이 있습니다. 누군가의 진심 어린 비판을 통해서만 비로소 깨닫게 되는 것이 있습니다. 〈연탄길 1. 2. 3〉이 430만 독자들의 사랑을 받을 수 있었고, 지금도 많은 독자들의 사랑을 받는 것은 다섯 번의 거절, 즉 다섯 번의 아픔이 있었기 때문이라고, 저는 생각합니다.

하지만 머지않아 다가올 고통의 시간을 저는 알 수 없었습니다.

죽고 싶었던 나날들

길을 지나다가 전기톱으로 쇠 파이프 자르는 소릴 들어 보신 적이 있는지요? 맹렬한 불꽃과 함께 들려오는 그 소리는 귀가 따가울 정도입니다. 그 소리가 얼마나 큰지 손가락으로 양쪽 귀를 틀어막고 가는 사람도 여럿 보았습니다.

〈연탄길 1. 2. 3〉을 쓰면서 7년을 과로한 탓에 지금도 제 양쪽 귀에서는 전기톱으로 쇠 파이프 자르는 소리가 들립니다. 인간의 목소리로 흉내 낼 수 없을 만큼 끔찍한 고음입니다. 1999년부터 지금까지 16년 동안 단 일 초도 멈추지 않고 들립니다. 이명(耳鳴)은 보통 '귀울림'이라고도 하는데 견딜 수 없는 고통입니다. 아무리 좋아하는 음악도 밤낮으로 스물네 시간을 듣고 싶어 하는 사람은 없을 것입니다. 고음의 쇠 파이프 자르는 소리가 벌써 16년입니다. 심한 이명 때문에 정신병원에 입원하는 사람들도 있다고 하니 미치지 않은 게 다행입니다.

이명에도 여러가지 종류가 있습니다. 매미 우는 소리, 귀뚜라미 소리, 물소리, 아기 울음소리, 보일러 돌아가는 소리……. 견딜 수 없는 최악의 소리는 전기톱으로 쇠 파이프를 자르는 소리입니다. 그 이유는 전기톱으로 쇠 파이프를 자르는 소리가 가장 높은 고음이기 때문입니다. 이 소리에 비하면 다른 소리는 참을 만하다고 합니다. 대개의 경우 고음의 소리는 저음의 소리보다 듣기에 불편합니다. 어린 아기가 숨 넘어갈 듯이 우는 소리를 아침부터 밤까지 하루 종일 들어야 한다면 얼마나 불편하겠습니까.

저에게 이명이 생긴 것은 과로 때문이었습니다. 더 정확히 말씀드리면 그냥 과로 때문이 아니라 지나친 과로 때문이었습니다. 저의 과로는 병적인 것이었습니다. 일종의 강박증이었습니다. 저의 강박증엔 분명한 이유가 있었습니다. 강박증이 있다는 것은 내 안에 나도 알지 못하는 괴물이 살고 있다는 것입니다. 강박증이 있다는 것은 내 안에 나도 통제할 수 없는 괴물이 살고 있다는 것입니다.

내 안에 살고 있는 괴물

초등학교 다니던 어린 시절, 아버지와 어머니는 밤마다 부부 싸움을 했습니다. 싸울 만한 이유가 있었는지는 모르겠지만 어린 자식들 앞에서 매일 밤 싸우는 것은 어떠한 이유로도 이해될 수 없는 것이었습니다. 소리 지르며 싸우는 부모 앞에서 어린 자식들은 겁에 질려 울 수밖에 없었습니다.

그날의 상처와 극도의 불안은 지금도 제 무의식 속에 생생히 살아남아 글을 쓰거나 그림을 그릴 때 극한까지 저를 몰고 가는 비정상적인 강박증의 모습으로 나타나곤 합니다. 목표한 것을 끝내지 못하면 불안해져 끝낼 때까지, 극한까지 저를 몰고 가는 것입니다. 중간에 멈추고 마땅히 휴식을 취해야 하는데, 휴식을 취하면 집중력을 더 높일 수 있다는 것도 분명히 알고 있으면서도 휴식하지 못하는 것입니다. 끝낼 것을 끝내지 못하고 휴식하면 그것은 휴식이 되지 못하고 오히려 불안만 깊어졌기 때문입니다. 밤을 지나 날이 환해지도록 미친 사람처럼 저를 몰고 가는 것이 두려웠지만 멈출 수 없었습니다.

과거의 상처는 과거의 이야기이지만, 동시에 현재의 이야기도 되고 미래의 이야기도 되는 것입니다. 어릴 적 받은 상처는 한 인간의 인생 전체를 비정상적으로 만들어 놓으니까요. 그 시절을 생각하면 지금도 몸서리가 쳐집니다.

뒤늦게 알게 된 일이지만 폭력적인 아버지의 모습도 분명한 이유가 있었습니다. 아버지의 무의식 속에 각인된 깊은 상처가 있었던 것입니다. 아버지의 어린 시절은 상처로 가득했습니다. 새엄마에게 매를 맞고 한겨울에 신발도 없이 눈밭 위로 쫓겨난 어린아이가 시린 발을 주무르며 어떤 생각을 했겠습니까. 그 시절의 상처가 아버지의 무의식 속에 각인되어 아버지를 폭력적으로 만들어 놓았을 것입니다.

아버지는 마음이 여린 분이셨고 자식들에 대한 사랑도 깊었습니다. 자식들을 위해서라면 어떠한 희생도 감당한 분이셨기에, 병든 어머니를 위해 헌신한 분이셨기에 아버지에 대한 사랑을 다시 회복할 수 있었지만, 맹렬히 싸우는 부모를 바라보며 울고 있는 '어린 시절의 나'의 손을 저는 아직도 잡아 주지 못했습니다.

저는 어른이 되면서 수도 없이 다짐했습니다. 부부 싸움 같은 건 절대로 하지 않겠다고 말입니다. 자식들 앞에서 싸우는 건 인간으로서 할 짓이 아니라고 말입니다. 그런데 결혼해 보니 그게 쉽지 않았습니다. 서로 다른 사람이 결을 맞춰야 하니 말다툼을 할 수밖에 없었습니다. 일 년에 한두 번 정도는 큰 싸움을 했습니다. 아내와 둘이 서로 소리를 지르며 싸우고 있는데 어린 딸아이의 울음소리가 들렸습니다. 아이 얼굴이 겁에 질려 있었습니다. 우는 아이를 바라보는 순간 어린 시절의 제 모습이 생각나 딸아이를 가슴에 꼭 끌어안아 달래 주었습니다. 글썽이는 눈물을 아내에게 보이고 싶지 않아 아이를 안고 방으로 들어갔습니다.

한 인간의 상처는 어떤 방식으로든 다른 사람들에게도 좋지 않은 영향을 끼칩니다. 피해를 당하는 대상은 대부분 그의 가족일 가능성이 아주 큽니다. 내 아버지의 아버지의 아버지의 얼굴은 본 적이 없지만 내 아버지의 아버지의 아버지의 상처는 세대를 거듭하며 여러 가지 형태로 대물림 된다는 것입니다. 내 할아버지의 상처는 어떤 방식으로든 내 아버지에게 상처를 주고, 내 아버지의 상처는 나에게 상처를 준다는 것입니다. 내가 원하든 원하지 않든 대부분의 상처는 운명적으로 대물림된다는 것입니다. 어찌 보면 우리 모두는 피해자인 것이지요.

살면서 당한 크고 작은 사건들을 우리는 기억합니다. 하지만 모두 기억하지는 못합니다. 심지어는 우리에게 이로운 쪽으로 기억을 조작하기도 합니다. 우리는 기억하고 싶지 않은 일상의 사건들과 크고 작은 상처들과 공포를 느꼈던 끔찍한 상황들을 잊기 위해 노력합니다. 마음을 불편하게 했거나 아픔을 느꼈던 일들을 기억하고 싶지 않아 그것들을 의식의 영역 밖으로 몰아내는 것입니다. 수치스러워 도무지 잊을 수 없을 것 같았던 기억들은 어느 순간 자신도 모르게 기억 밖으로 사라집니다.

그러나 의식의 영역에서 버려진 것들은 기억 바깥으로, 몸 바깥으로 나가는 것이 아니라 무의식의 영역 속에 저장된다고 합니다. 무의식의 영역에 저장된 것들은 영원히 그곳에 머무는 것이 아니라 적절한 상황을 만나면 괴물이 되어 또다시 의식 밖으로 튀어나온다

고 합니다. 무의식 속에 머물고 있던 상처들은 괴물이 되어 우리를 자기 멋대로 조종한다는 것입니다.

앞에서 말한 의식과 무의식의 작용을 쉽고 명료하게 설명할 수 있는 적절한 예화가 있습니다.

호랑이가 여우를 죽인 뒤 그 사실을 감추기 위해 여우 시체를 커다란 돌에 묶어 깊은 호수로 던졌습니다. "첨벙" 하는 소리와 함께 고요한 호수에 커다란 파문이 일 것입니다. 호수 주변에 있던 새늘은 깜짝 놀라 날개를 퍼덕거리며 도망갈 것이고요. 하지만 잠시 후면 호수는 아무 일도 없었다는 듯 잠잠해질 것입니다. 그렇다고 해서 호수에 아무 일이 없었던 것은 아닙니다. 이전에 없었던 시체가 돌에 묶인 채 호수 바닥에 가라앉아 있으니까요.

전문가들의 말에 의하면 호수 바닥에 있는 시체는 영원히 그곳에 머무는 것이 아니라고 합니다. 적절한 상황을 만나면 호수 표면 위로 떠오른다는 것입니다. 이와 마찬가지로 우리가 기억하고 싶지 않아 무의식의 영역 속으로 던져 놓은 크고 작은 상처들은 영원히 무의식의 영역 속에 머무는 것이 아니라, 적절한 상황을 만나면 의식의 표면으로 떠오른다는 것입니다. 무의식 속에 저장된 상처들은 괴물이 되어, 적절한 상황을 만나면 의식의 표면으로 떠올라 우리가 이상한 행동을 하도록 조종한다는 것입니다.

이를테면 아버지에 대한 상처가 몹시 깊은 사람은 '아버지' 라는 단어만 나와도 분노가 생긴다는 것이지요. 사랑하는 사람에게 깊은 상처를 받은 사람은 새로운 사람을 만난다 해도 이전 사람으로부터 받은 상처가 새로 시작한 그의 사랑을 방해한다는 것입니다. 아버지로부터 어린 시절 몹시 심한 억압을 받은 여자아이는 어른이 되어 결혼한 뒤 남편의 폭언에 더욱 사납게 대응한다는 것입니다. 남편의 모습에서 어릴 적 아버지의 모습을 보게 되는 것입니다. 순간 남편과 아버지를 동일시하게 되는 것입니다.

벼랑 끝에 서서

이명(귀울림)은 겪어 보지 않은 사람은 상상도 할 수 없는 고통입니다. 이명에 동반되는 증상은 불면증, 우울증, 어지럼증, 심한 경우에는 자살 충동이라고 합니다. 저는 불면증과 우울증과 심한 어지럼증으로 시달렸습니다. 이 모든 병은 이명 때문에 생긴 병이었습니다. 그러니 저는 네 가지 고통을 안고 여러 해 동안 살아갈 수밖에 없었습니다.

하나님 믿는 사람이 이런 말을 입에 올리면 안 되겠지만 차라리 죽고 싶었습니다. 그냥 죽고 싶은 것과 정말 죽고 싶은 것은 많이 다릅니다. 하루에도 몇 번씩 구체적인 죽음을 생각했습니다. 양쪽 귀에서 들려오는 끔찍한 고음의 소리가 멈추지 않는 한 저의 삶은 계속될 수 없었습니다. 그러나 전문가들의 말에 의하면 이명은 현대 의학으로 고칠 수 없는 불치병이라고 하니 제겐 한 가닥의 희망도 없었던 것입니다.

이명으로 생긴 어지럼증으로 지팡이 없이는 다섯 걸음도 제대로 걸을 수 없었습니다. 이명과 어지럼증을 몇 개월 안에 고칠 수만 있었다면 불면증이나 우울증에 걸리지 않았을 것입니다. 이명과 어지럼증이 장기간 지속되자 불면증과 우울증까지 생긴 것입니다. 불면증과 우울증의 원인은 거의 대부분 스트레스라고 합니다. 극도의 이명과 어지럼증으로 저의 일년 동안 스트레스를 받았으니 우울증과 불면증이 생기는 것은 당연한 일이었습니다. 다섯 걸음도 제대로 걸을 수 없는 어지럼증이 거의 일년 동안 지속된다는 것은 얼마나 끔찍한 일이겠습니까?

보통의 사람들이 우울증 없이 살아갈 수 있는 건 호르몬의 균형이 조화롭기 때문이라고 합니다. 뜻하지 않은 일로 스트레스가 장기간 지속되면 스트레스 호르몬의 과도한 분비로 호르몬의 균형이 깨어져 우울증이나 불면증에 걸리게 된다는 것이 전문가의 견해입니다.

산산이 부서지다

어떻게 죽는 것이 가장 고통스럽지 않을까 생각했습니다. 오래전, 친구가 해 준 이야기가 생각났습니다. 그는 자살을 결심하고 아파트 옥상으로 올라갔다고 했습니다. 아파트 옥상에서 아래쪽을 내려다보는데 섬뜩한 장면이 갑자기 눈에 들어왔다고 했습니다. 그가 내려다본 아파트 아래쪽 길 위에 그림이 그려져 있었다고 했습니다. 그 그림은 사람 형상이었고 흰색 테두리 선으로 아주 선명히 그려져 있었다고 했습니다. 그보다 먼저 옥상에서 뛰어내린 사람이 있었던 것입니다. 흰색으로 그려진 죽은 자의 형상을 바라보는데 갑자기 죽음에 대한 공포가 밀려왔다고 했습니다.

죽음을 결심한 자에게 남아 있는 죽음에 대한 공포에 대해 어떻게 생각하시는지요? 앞뒤가 맞지 않는 이야기라고 단정 지을 순 없을 것입니다. 실제로 자살을 시도했다가 극적으로 살아난 사람들의 이야기를 들어 보면 몸을 던지는 순간 어떻게든 살고 싶어 필사적으로 발버둥 친다고 합니다. 아무리 발버둥 쳐도 돌이킬 수 없을 때 어쩔 수 없는 죽음으로 이어지는 것이었습니다. 죽음을 생각하는 사람들도 죽음에 대한 공포를 가지고 있다는 것입니다. 그것은 죽음을 생각하지 않는 사람들이 갖는 죽음에 대한 공포와 다르지 않다고 합니다.

끝없이 제 머릿속에 떠오르는 장면이 있었습니다. 하얀 상복을 입고 제 영정 사진 앞에 앉아 울고 있는 아내와 어린 딸아이의 얼굴이 자꾸만 보였습니다. 나중에 알게 된 사실이지만, 그것은 자살하는 사람들이 갖는 전조증상 중 하나라고 했습니다.

앞에서 말씀드린 것처럼 이명으로 인한 심한 어지럼증으로 길을 걸을 수 없었습니다. 사람의 균형 감각을 관장하는 아주 중요한 곳이 귓속 기관이라는 것은 누구나 아는 사실입니다. 우울증 약을 받으러 병원에 갈 때면 지팡이를 들어야 했습니다. 자가용도 없었으니 택시를 이용해야 했는데, 그렇다 해도 걷는 구간이 많았기 때문입니다. 지팡이를 드는 것이 창피한 날은 지팡이 대신 어린 딸아이의 킥보드를 가지고 나갔습니다. 킥보드위에 올라탄 것이 아니었습니다. 킥보드를 지팡이 삼아 밀고 다니면 덜 창피했습니다. 지팡이 대신 등산 스틱 두 개를 짚고 다닐 수 있다는 것을, 등산 스틱이 구두나 운동화와 조화롭지 않으니 구두나 운동화 대신 등산화를 신으면 된다는 것을 그때는 왜 몰랐을까요?

어느 날이었습니다. 친구들과 놀고 있는 어린 딸아이를 불렀습니다.

"아빠가 지금 병원에 가야 하는데 걸음을 걸을 수 없을 만큼 많이 어지럽거든, 네 킥보드 좀 가지고 가면 안 될까?"

"……안 돼. 아빠……. 나 지금 친구들하고 킥보드 시합하고 있거든……."

어린 딸아이는 미안한 표정을 지으며 제게 말했습니다.

"오늘 하루만 킥보드 빌려줘. 아빠가 꼭 필요해서 그래. 오늘 하루만……."

딸아이는 잠시 망설이다가 킥보드를 제게 건네주었습니다. 딸아이 눈에 눈물이 맺혀 있었습니다. 아빠가 어지럼증 때문에 걸음을 잘 걷지 못한다는 것을 딸아이는 알고 있었습니다. 저는 킥보드를 지팡이 삼아 바퀴를 굴리며 천천히, 아주 천천히 걸어갔습니다. 킥보드를 제게 내주고 친구들 옆에 서 있는 어린 딸아이를 돌아보는데 자꾸만 눈물이 흘러내렸습니다. 딸아이에 대한 미안한 마음 때문이기도 했지만 결코 끝나지 않을 악몽에 대한 두려움 때문이기도 했습니다.

시간이 지날수록 이명은 점점 더 심해졌습니다. 어지럼증과 불면증과 우울증도 더 심해졌습니다. 악마 같은 이명은 저의 삶을 산산조각 냈습니다. 수도사이자 영성가 토마스 머튼이 말한 '박쥐처럼 내 영혼에 매달려 있는 악마들'의 노랫소리가 들리는 듯 했습니다.

기도

하나님께 기노하면 저의 병을 고쳐 주실 거라고 굳게 믿었습니다. 열심히 기도하며 하나님께 매달렸지만 이명과 우울증은 조금도 좋아지지 않았습니다. 급기야 우울증이 더 깊어지면서 기도도 할 수 없는 사람이 되고 말았습니다.

우울증은 사람의 의지를 모조리 시들게 하는 독약과도 같은 것이었습니다. 밥도 먹고 싶지 않고, 잠도 오지 않으며, 사람을 만나는 것도 싫어지는 병이 우울증이었습니다. 우울증은 단지 정신이 무너지는 병이 아니었습니다. 우울증은 정신은 물론 육체까지 무너지게 하는 병이었습니다. 심한 우울증은 생물학적인 실체를 송두리째 무너뜨리는 무서운 병이었습니다. 우울증만으로도 죽을 형편인데 거기에 불면증과 이명과 어지럼증까지 있었으니 저의 절망은 깊을 수밖에 없었습니다.

신경정신과에서 계속 우울증 치료를 받았고, 이명을 치료하기 위해 여기저기 많은 병원도 다녔습니다. 이명을 잘 고친다는 병원도 여러 곳 가 보았고, 양방은 물론 한방 치료까지 꾸준히 받았지만 모두 다 소용없는 일이었습니다. 이명은 수술법도 없고 약도 없다고, 지금 하고 있는 치료는 증상을 이전보다 좋아지게 할 수 있을 뿐이라고 담당 의사들은 솔직히 말해 주었습니다.

빨간색 우울증 약과 신경안정제는 저를 조금씩 일으켜 주었습니다. 하나님께 온 마음을 다해 다시 기도하고 싶다는 생각이 들었습니다. 하나님이 저의 이명을 고쳐 주실 거라는 확신이 들었습니다. 방바닥에 이불을 깔아 놓고 눈물 흘리며 몇 시간씩 기도했습니다. 뜨거운 기도를 통해 저는 지옥 같은 고통에서 조금씩 조금씩 일어설 수 있었습니다. 이명과 어지럼증의 고통은 여전했지만 그 고통 속에 갇혀 있지 않게 해달라고, 그 고통을 견딜 수 있는 힘이라도 달라고 하나님께 기도했습니다.

그렇게 봄, 여름, 가을, 겨울이 지났습니다. 그리고 다시 봄이 왔습니다. 이명과 우울증과 어지럼증은 조금도 좋아지지 않았습니다. 오히려 모든 증상이 더 나빠졌습니다. 이전보다 더 깊은 절망이 악어처럼 큰 입을 벌리고 저를 삼키려고 했습니다.

창가에 서서 예배를 드리다

주일 예배 시간, 목사님의 설교도 들을 수 없었습니다. 예배당 스피커에서 나오는 큰 소리가 제 귀에는 천둥소리처럼 들렸습니다. 이명이 심한 사람은 큰 소리를 견디지 못할 뿐 아니라, 큰 소리는 이명을 더욱 악화시킨다는 것이 전문가들의 견해입니다. 담임목사님의 목소리가 유난히 컸는데 이유가 있었습니다.

담임목사님은 귀 한쪽의 청력을 잃으신 분이었습니다. 한쪽 청력을 잃으신 분이니 보통 사람들보다 청력이 많이 떨어졌고, 그 이유 때문에 담임목사님의 목소리는 상대적으로 커진 것입니다. 더 쉽게 예를 들면 할머니들의 목소리가 큰 이유는 할머니들의 청력이 떨어졌기 때문입니다. 담임목사님의 목소리가 커진 것도 같은 이치 입니다.

담임목사님의 목소리는 보통 사람들이 느끼기에도 아주 큰 소리였습니다. 그러한 이유로 저는 본당에서 예배를 드릴 수 없었습니다. 예배드릴 곳을 찾아야 했습니다. 아기 엄마들과 어린아이들이 예배를 드리는 자모실로 가 보았습니다. 그곳의 마이크 소리도 제 귀엔 천둥소리처럼 들렸습니다. 예배당과 자모실 사이엔 겨우 유리 한 장이 놓여 있을 뿐이었습니다.

이곳저곳을 찾아다니다 본관 2층에 있는 화상실까지 가 보았습니다. 그곳에서라도 예배를 드릴 수만 있다면 화장실 냄새 따위는 제게 문제가 되지 않았습니다. 제가 그런 마음을 먹을 수 있었던 것은 믿음이 깊어서가 아니었습니다. 화장실에서라도 예배드리는 모습을 하나님께 보여 드리고 싶었기 때문입니다. 그렇게라도 하나님께 매달리고 싶었습니다. 더는 물러설 수 없는 절망의 땅에 서면 무엇이든 할 수 있는 게 사람이었습니다. 더는 물러설 수 없는 벼랑 끝에 서면 아무것도 모르는 아기도 될 수 있고, 분별력 없이 날뛰는 사나운 짐승도 될 수 있는 게 바로 사람이라는 생각이 들었습니다.

주일 예배가 다 끝날 즈음 예배드릴 수 있는 한 곳을 찾을 수 있었습니다. 예배당 밖이었습니다. 예배당 밖으로 나 있는 콘크리트 계단을 오르면 예배당 유리창이 있었습니다. 예배당 안이 보이지 않는 조그만 유리창이었지만, 그래서 더 좋았습니다. 예배당 안에서도 밖에 서 있는 제 모습이 보이지 않았기 때문입니다.

그러나 유리창 밖으로 들려오는 담임목사님의 목소리는 너무 희미했습니다. 정확히 들리는 부분도 있었지만 희미하게 들려 문맥을 놓칠 수 있는 부분도 있었습니다. 하나님에 대한 믿음은 목사님이 전하시는 하나님의 말씀을 들음으로써 생겨난다고 성경에도 기록되어 있으니 큰 문제가 아닐 수 없었습니다.

그날부터 저는 예배당 창문 옆에 바짝 붙어 서서 목사님 말씀에 귀를 기울였습니다. 비가 오면 우산을 쓰고 예배를 드렸고, 눈이 오면 눈을 맞으며 예배를 드렸습니다. 여름 장맛비가 내릴 때면 우산 위로 떨어지는 빗방울 소리 때문에 목사님 말씀을 제대로 들을 수 없었지만 빗방울 소리가 예수님 말씀처럼 들리기도 했습니다. 제가 서 있던 예배당 창가에 예수님도 함께 서 계실 거라고, 저는 생각했으니까요.

한여름 땡볕 아래 서 있으면 어지럼증은 더욱 심해져 여러 번 주저앉아 눈물을 글썽이기도 했습니다.

어느 날 수요 예배를 마치고 교회 앞마당에서 아내를 만났습니다. 추위로 새파랗게 얼은 제 얼굴을 만지며 아내가 말했습니다.

"예배당 안에서도 당신 모습이 보여요. 유리창 밖으로 어른거리는 그림자가 당신이라고 생각하면 마음이 많이 아파요. 당신이 그곳에 서서 예배드리는 거 다른 사람은 몰라도 하나님은 보고 계실 거예요. 이렇게 바람이 차가운데 얼마나 추웠을까……."

눈물을 글썽이는 아내 손을 잡으며 나는 괜찮다고 말했지만 야윌 대로 야윈 제 뺨 위로 눈물이 흘러내렸습니다.

그렇게 일 년이 넘도록 예배당 창가에 서서 예배를 드렸습니다. 시간이 지나도 이명과 우울증과 어지럼증은 조금도 좋아지지 않았습니다.

어두운 방에 누워 있으면 이명은 더 큰 소리로 제 숨통을 조였습니다. 말도 안 되는 이야기지만 젓가락으로 귓속을 찌르고 싶다는 충동이 들었던 적도 있습니다. 이렇게 살 바엔 차라리 죽는 게 낫겠다는 생각이 수도 없이 들었지만 그때마다 예수님의 얼굴이 생각났습니다.

스스로 목숨을 끊는 사람들을 향해 또 다른 사람들은 "죽을 용기로 살아야지. 왜 죽어"라고 쉽게 말하기도 하지만, 어쩌면 그들의 말은 앞뒤기 맞지 않는 밀일시노 보틉니다. 정상적인 사람들이 갑작스럽게 자살 충동에 빠져 죽음을 선택하는 경우는 거의 없습니다. 대부분 자살의 전 단계는 깊은 우울증입니다. 깊은 우울증에 빠지면 이전과는 완전히 다른 사람이 됩니다. 생각의 구조부터 이전과 달라지는 것이지요. 감정의 기복도 하늘과 땅을 오갑니다.

우울증은 티라노사우루스의 사나운 발바닥이 되어 사람의 용기부터 모조리 짓밟아 버립니다. 사람이 간직하고 있는 손톱만큼의 희망까지도 갈기갈기 찢어 놓습니다. 이성적인 생각들은 모조리 차단

됩니다. 우울증에 걸리면 사람 얼굴엔 우울의 두터운 가면이 씌워집니다. 그리고 우울증 약 중엔 침을 마르게 해 입속의 혀를 꽁꽁 묶어 놓는 것들도 있습니다. 말을 할 때마다 혀가 꼬여 발음이 허공 속을 굴러다닙니다.

스스로 목숨을 끊는 사람들이 용기가 있어서 스스로 죽음을 택하는 것이 아니라, 살아갈 용기가 없어서 스스로 죽음을 택하는 것임을 심각한 우울증에 빠져 본 사람들은 알게 됩니다. 그러나 자살은 어떤 명분으로도 정당화될 수 없는 것임을 저는 잘 알고 있습니다. 어떤 절망이 닥쳐와도 사람은 그것을 이겨 낼 수 있을 테니까요. 당장 오늘 죽을 것만 같아도 오늘을 견뎌 내야만 하는 게 사람일 테니까요. 아무리 행복해 보이는 사람일지라도 사람들은 모두 다 저마다의 아픔을 지닌 채 살아갑니다. 아픔은 그 무엇으로도 피해 갈 수 없는 인간의 조건이기 때문입니다. 항상 기뻐하라는 주님의 말씀 또한, 항상 기쁜 일만 있을 거라는 의미는 아닐 것입니다.

스스로 목숨을 끊는 사람들의 공통점이 있다고 합니다. 그들 곁엔 그들을 진심으로 위로해 줄 단 한 사람이 없었던 거라고 전문가들은 말합니다. 부모님이나 친구나 애인이나 선생님 중에 단 한 사람만이라도 그들을 진심으로 위로했다면 그들은 스스로 목숨을 끊지 않는다는 것입니다. 그들의 아픈 마음을 진심으로 들어 주기만 했어도 그들은 스스로 목숨을 끊지 않는다는 것입니다.

제겐 아픔을 위로해 줄 가족과 친구가 있었습니다. 무엇보다도 절망 속에서도 믿고 의지할 하나님이 계셨습니다. 하나님을 원망한 적도 많았습니다. 하나님이 정말 계신 건가 의심한 적도 많았지만, 정작 "하나님은 정말 계신 건가요?"라고 따져 물을 때마다 코끝이 찡해진 건 제 마음 깊은 곳에 계신 하나님 때문이었습니다.

어린 딸의 편지

온종일 어두운 방에 외딴섬처럼 누워 있었습니다. 어린 딸이 제 가슴에 안겨 말없이 눈물 흘릴 때도 저는 마음을 세울 수 없었습니다. 딸아이가 힘내라고 써 온 편지를 제가 누워 있는 어두운 방 벽에 붙여 놓았습니다. 딸이 준 편지를 읽고 또 읽으면 힘이 날지도 모른다는 생각이 들었습니다.

사랑하는 아빠에게

아빠, 아프지 마. 맨날 맨날 방 안에만 누워 있지 말구.
이명도 어지럼증도 모두 괜찮아질 거야.

내가 하나님께 기도하고 있으니까.

아빠, 빨리 나아서 소풍 가자.

나는 엄마하고 아빠하고 소풍 가는 게 제일로 좋거든.

아빠, 힘내. 꼭꼭.

아빠, 너무너무 사랑해.

딸의 편지를 읽고 또 읽었지만 마음을 회복할 수 없었습니다. 마음이 회복되기는커녕 아버지 노릇도 못한다는 생각에 상처만 깊어졌습니다. 이명과 우울증과 어지럼증과 불면증은 저의 숨통을 꼭 쥐고 놓아 주지 않았습니다. 영혼을 뜯어먹는 악마의 이빨은 제 귓가에 대고 삶은 슬픈 거라고, 삶은 아무것도 아니라고, 속삭였습니다. 자살 충동이 시시각각으로 저의 숨통을 조여 왔습니다. 핏발 선 눈빛으로 거울을 볼 때마다 저의 모습이 무서웠습니다.

마시지도 못하는 술을 매일매일 마셨습니다. 아침 일찍 눈을 뜨면 술을 사러 나갔습니다. 술 한 병을 마시고 나면 한 시간 동안은 이명 소리가 작아졌습니다. 그러나 술이 깨면서 이명 소리는 술 마시기 전보다 두 배 세 배 더 커졌습니다. 이명 소리가 더 커진다는 것을 알면서도 매일매일 술을 마셨습니다. 술 한 병을 마시는 동안만이라도 이명의 고통을 덜어 낼 수 있었기 때문입니다. 술 마신 대가로 몇 갑절의 고통이 더해진다 해도 그럴 수밖에 없었습니다.

제가 술을 마신 것은 불안감 때문이었습니다. 병세가 심해지던 어느 날부터 미칠 것처럼 불안했습니다. 심장이 비정상적으로 쿵쿵거렸고 저는 잠시도 앉아 있을 수 없을 만큼 극도로 불안했습니다. 술을 마신 건 제가 아니라 불안과 저의 절망이었습니다.

좀처럼 술을 마시지 않던 제가 술병을 들고 들어올 때마다 아내는 근심스런 눈빛으로 저를 바라보았습니다. 아내와 어린 딸아이에게 미안해 얼굴을 들 수 없었습니다.

어두운 방에 앉아 혼자 술을 마셨습니다. 제가 어린 시절 절망에 가득 찬 아버지가 곰팡이 핀 벽을 향해 돌아앉아 홀로 쓸쓸히 술을 드시던 모습이 자꾸만 떠올랐습니다. 술 마신다고 해결되는 일은 아무것도 없었지만 술을 마실 수밖에 없었습니다. 깊은 절망 앞에서 인간의 이성과 상식은 얼마나 무기력한 것입니까.

온종일 마시지는 않았지만 한 달이 넘도록 매일매일 술을 마셨습니다. 알코올중독자가 될지도 모른다는 생각이 들었습니다. 얼마 후 병원에서 신경안정제를 별도로 처방받은 후 극도의 불안은 사라졌고 술도 마시지 않았습니다.

아무것도 모르는 어린 딸에게, 아침부터 술을 마셔야 하는 아빠의 절망을 보여 주고 싶지 않았습니다. 착한 아내의 마음을 아프게 하고 싶지 않았습니다. 제가 의지할 것은 술이 아니라 하나님이었기 때문입니다.

아내의 기도

어느 날 아내가 눈물을 글썽이며 제게 말했습니다.

"우리 더 열심히 기도해요."

"당신이나 기도 많이 해. 나는 기도 같은 거 안 해."

냉소적인 표정을 지으며 빈정거리듯 말했지만 진심은 아니었습니다. 하나님이 두려웠기 때문입니다. 그러나 기도는 하지 않았습니다. 기도한다고 저의 문제가 해결될 것 같지 않았습니다.

시간이 지날수록 저는 더 깊은 어둠 속으로 빠져들었습니다. 아내는 저를 위해 40일 작정 새벽 기도를 다니기 시작했습니다. 어느 날 아침 새벽 예배를 다녀온 아내가 저에게 말했습니다.

"오늘 새벽, 교회 가는 길에 할아버지 한 분을 만났어요. 중풍에 걸리셨는지 걸음걸이가 많이 불편해 보였어요. 새벽 예배 때마다 만나는 분이라 부축해 드리려고 가까이 갔더니 할아버지가 웃으시며 괜찮다고 완강히 거절하셨어요. 더 이상 말씀드릴 수 없어 제가 앞장 서 걸어가는데 뒤쪽에서 할아버지 목소리가 들려왔어요. 할아버지는 혼잣말을 하셨는데 뭐라고 하셨는지 알아요? 할아버지는 아주 느릿한 동작으로 한 걸음 한 걸음을 떼실 때마다 '주여, 힘을 주세요. 주여, 힘을 주세요' 라고 낮은 목소리로 말씀하셨어요. 어찌나 눈물이 나던지……."

아내는 눈물을 글썽이며 말했습니다. 눈물을 감추려고 저는 얼른 고개를 숙였습니다. 아내가 해준 이야기가 온종일 귓가를 맴돌았습니다. 한 걸음을 걷기 위해 기도하는 중풍 걸리신 할아버지의 모습이 눈앞에 보이는 것 같았습니다. 한 걸음을 걷기 위해 기도하는 간절함은 얼마나 눈물겨운 간절함입니까.

다음 날 아침부터 저는 다시 기도를 시작했습니다. 저의 기도는 분명 이전과는 다른 기도였습니다. 기도가 아니라 전투라는 생각이 들기도 했습니다. 저의 기도는 제 마음에 근심과 두려움과 절망을 심어 놓은 악마들과의 싸움인지도 몰랐습니다.

온종일 어두운 방에 엎드려 소리 내어 기도했습니다. 기도하다 지치면 쓰러졌고 다시 정신이 들면 기도했습니다. 전투는 한 달이 넘도록 계속됐습니다. 돌이켜 생각해 보면 그때의 기도는 저를 낮추는 시간이었습니다. 저의 절망은 하나님은 내 병을 고칠 수 없다는 생각에서 비롯된 것이니 얼마나 교만한 마음입니까.

아, 연탄길

하루는 머리가 텅 비워지면서 한 줄기 빛이 마음 깊은 곳을 파고들었습니다. 저는 어두운 방에 홀로 앉아 하나님을 향해 이렇게 말했습니다.

"하나님, 제가 이렇게 고통스럽게 눈물 흘리는데 하나님은 어디에 계신가요? 하나님, 제 병을 고쳐 주세요……. 이대로 가면 저는 죽습니다."

저는 간절한 목소리로 다시 말했습니다.

"하나님, 이명과 어지럼증을 고칠 수 없다면, 담대히 그것과 맞서 싸우게 해 주세요. 이명과 어지럼증에 대한 고통과 두려움을 이길 수 있는 힘을 주세요. 다시 일어서면 저 하나만을 위해 살지 않겠습니다. 저보다 형편이 어려운 사람들의 손을 따뜻하게 잡아 주겠습니다. 하나님……."

어두운 방 안에서 하나님과 저는 오랫동안 대화를 나눴습니다. 저는 소리쳐 말했지만 하나님은 침묵으로 말씀하셨습니다. 저는 다시 하나님을 향해 이렇게 말했습니다.

"하나님……. 저보다 형편이 어려운 사람들을 도우려면 저의 책 〈연탄길〉이 많은 사람들에게 사랑을 받아야 합니다. 저에게 엄청난 고통을 가져다준 책이니 책 표지도 보기 싫지만 책이 독자들의 사랑을 받아야 책 수익금으로 어려운 형편에 놓인 사람들을 도울 수 있습니다."

잠시 후 마음 깊은 곳에 눈부시게 환한 빛줄기가 스며드는 것 같았습니다. 그날 이후 저는 매일 그렇게 기도했습니다. 온종일 엎드려 기도했습니다. 응답에 대한 확신이 있을 거라 믿었습니다. 어느 날부터 저는 이렇게 기도하기 시작했습니다.

"하나님……. 제가 텔레비전에 나가서 한 시간 동안만 〈연탄길〉에 대해서 말할 수 있게 해 주세요. 〈연탄길〉에 날개를 달아 주세요. 하나님……."

상식적으로 생각해 보면 저의 기도는 말도 안 되는 기도였습니다. 이루어질 가능성이 전혀 없는 기도였기 때문입니다. 이제 겨우 두 권의 책을 낸 무명 글쟁이를 방송국에서 부를 리 없었습니다. 수많은 불가능성에도 불구하고 저는 목소리 높여, 내게 능력 주시는 자 안에서 내가 모든 것을 할 수 있다고, 성경 말씀을 암송하며 간절히 기도했습니다.

저를 고통스럽게 했던 병들과 담대히 맞서 싸웠습니다. 귀에서 천둥소리가 나도 이명에 끌려다니지 않을 것이며, 어지러워 당장 쓰러진다 해도 다시 일어나 걸으면 된다고 마음을 굳게 먹었습니다. 그렇게 될 수 있도록 하나님이 도우실 거라고 확신했습니다.

그 후로 저는 기나긴 어둠의 터널을 한 걸음씩 한 걸음씩 빠져나올 수 있었습니다. 어둠의 그림자가 더 이상 무섭지 않았습니다. 두려움을 버릴 때 비로소 용기는 생기는 거였습니다. 절망으로 가득했던 제 가슴을 박차고 새 한 마리가 궁둥이를 딸막거리며 하늘로 힘차게 날아올랐습니다.

그사이 겨울이 지나고 봄이 지났습니다. 뜨거운 여름이 지나는 동안에도 저는 기도의 간절한 끈을 놓지 않았습니다. 저의 기도는 멀고 먼 지평선을 넘어가고 있었습니다. 지평선 너머로 길이 보이기 시작했습니다.

하나님의 은혜

가을의 끝자락이었습니다. 아침부터 전화벨이 울렸습니다.

"안녕하세요, KBS 방송국 PD입니다. 이철환 작가님을 「TV 책을 말하다」에 초대하고 싶어 전화했습니다. 저희 프로에 나오셔서 작가님의 작품 〈연탄길〉에 대해 말씀해 주세요. 방송 시간은 총 한 시간입니다."

그 순간 소름이 돋았습니다. 일어날 수 없는 일이 일어나고 있었습니다. 전화를 끊고 나서 잠시 눈을 감았습니다.

"주님……. 주님……."

저는 화살처럼 떨어지는 눈물을 닦았습니다.

다음 날, 저는 KBS 방송국으로 갔습니다. 친절한 PD 분은 방송국 위층으로 저를 데리고 갔습니다. 그곳에서 한 분을 소개받았습니다. 「TV 책을 말하다」 책임 프로듀서였습니다. 그분은 반갑게 저를 맞아 주었습니다. 그분은 사무실 한쪽에 있는 책꽂이를 손가락으로 가리키며 말했습니다.

"〈연탄길〉은 우리가 연말에 특집으로 방송하려고 지난 여름부터 준비해 두었던 책입니다."

그분의 말을 듣는 순간 다시 소름이 돋았습니다. 지난 여름은 제가 〈연탄길〉을 위해 처음으로 가장 치열하게 기도했던 시간이었습니다. 제가 엎드려 간절히 기도했던 지난 여름, 하나님은 「TV 책을 말하다」 팀의 책꽂이에 〈연탄길〉을 꽂아 놓으셨던 것입니다.

하나님이 달아 주신 날개

그해 12월 「TV 책을 말하다」에서 '연탄길' 편이 방송되었습니다. 방송은 책 속에 있는 이야기들을 중심으로 구성되었습니다. 〈연탄길〉 속에 있는 여러 개의 이야기들 중 네 편을 선정해 두 편은 짧은 드라마 형식으로 만들어졌고, 두 편은 애니메이션 형식으로 만들어졌습니다.

시청자들의 반응은 기대 이상으로 뜨거웠습니다. 독자들의 주문이 너무 많아 대형 서점에서 〈연탄길〉이 일시 품절되는 일까지 벌어졌습니다. 교양 프로그램으로 자리 잡은 TV 방송의 힘이 실로 엄청나다는 것을 실감하지 않을 수 없었습니다.

하지만 그게 전부는 아니었습니다. 방송에서 한 시간 동안 책을 이야기한다고 해서 모든 책이 베스트셀러가 되는 것은 아니었습니다. 상상을 넘어설 만큼 주목받는 책들도 있지만 대부분의 책들은 시간을 견디지 못하고 금세 잊힌다는 것이 전문가의 견해였습니다. 경력이 20년이 넘은 한 출판 관계자의 말에 의하면, 아주 특별한 경우를 제외하고는 방송에서 한 시간을 이야기해도 최고로 많이 나가 봐야 10만 부라고 했습니다. 그것도 소수의 몇몇 책들만 그렇다고 했습니다. 〈연탄길〉은 지금까지 430만 부가 나갔으니 방송의 힘이 아주 컸지만 방송의 힘만으로 설명하기에는 너무 많은 판매 부수라고 그는 말했습니다. 하나님의 은혜가 없었다면 불가능한 판매 부수였습니다. 공영방송의 힘이 있었기에, 그리고 하나님의 은혜가 있었기에 〈연탄길〉은 초대형 베스트셀러가 되었습니다.

그 후로 저는 각 방송사의 TV 프로그램에 여러 번 초대되었습니다. 라디오 방송의 여러 프로그램에도 출연했고, 청소년 상담 프로그램에 고정 토론자로 출연하기도 했습니다. 신문과 잡지의 인터뷰 요청도 셀 수 없이 많았고, 대학교와 기업체에서 감당할 수 없을 만큼의 강연 요청도 들어왔습니다. 단 한 번도 받아 본 적이 없는 원고 청탁도 줄을 이었습니다.

더 놀라운 기적은 다른 곳에 있었습니다. 이명과 어지럼증은 여전했지만, 증상이 이전과 비교할 수 없을 만큼 좋아졌고, 건강한 사람도 감당하지 못할 만큼의 일정을 저는 거뜬히 해낼 수 있었으니 이것만큼 놀라운 기적은 제게 없었습니다. 하나님의 위로가 없었다면 어떻게 제게 이런 기적이 일어날 수 있었을까요.

저에게 〈연탄길〉보다 더 큰 기적은 평정심을 가지고 일상을 살아갈 수 있는 제 모습이었습니다. 기적은 다른 곳에 있지 않았습니다. 건강한 모습으로 일상을 살아갈 수 있다는 것, 그것이 기적이었습니다. 밤마다 어린 딸 옆에 누워 동화책을 읽어 주다 잠들 수 있다는 것, 그것이 바로 기적이었습니다. 자녀에게 가장 좋은 부모는 건강한 부모라고 합니다. 부모에게 가장 좋은 자식은 건강한 자식이라고 하고요. 저는 어린 딸에게 건강한 부모도 아니었고, 늙으신 부모님께 건강한 자식도 아니었습니다.

이명과 어지럼증이 저를 괴롭힌다 해도 다시는 그것에 끌려다니지 않겠다고 저는 맹세했습니다. 이명과 어지럼증이 저를 괴롭힌다 해도 다시는 그것에 끌려다니지 않게 해달라고 하나님께 간절히 기도했습니다.

연탄길 나눔터

하나님은 캄캄한 어둠 속에서 저를 일으켜 주셨습니다. 저를 다시 일으켜 주시면 저 하나만을 위해 살지 않겠다고, 저보다 형편이 어려운 사람들을 도우며 살겠다고 하나님께 약속했으니 저는 그 약속을 지켜야 했습니다.

〈연탄길〉이 베스트셀러 1위에 오르며 주목받고 있을 때, 저는 저를 위해 아무것도 할 수 없었습니다. 책 판매로 들어온 인세 수익금이 제 돈 같지 않았습니다. 전철과 버스가 모두 끊어진 밤늦은 시간에도 저는 마음 편히 택시를 탈 수 없었습니다. 차가운 새벽바람을 맞으며 집까지 몇 시간을 걸어야만 했습니다. 겨울 외투 하나를 장만

하지 못했고 늘 빛바랜 외투 하나만 입고 다녔습니다. 어린 딸을 위해 예쁜 인형 하나도 사 줄 수 없었고, 가족들과 함께 반듯한 음식점에 가서 저녁 식사 한 번 할 수 없었습니다.

〈연탄길〉속에 담겨 있는 가난하고 상처받은 사람들의 이야기와 바꾼 인세 수익금을 함부로, 제멋대로 쓸 수 없었습니다. 저에게 착한 마음이 있었기 때문이 아니었습니다. 하나님이 두려웠기 때문입니다. 하나님과의 약속을 지켜야 한다는 생각 때문이었습니다.

그 후 '연탄길 나눔터' 사무실을 얻었고 '연탄길 나눔터 기금'도 만들었습니다. 봉사 단체를 만들어 무의탁 할머니들이 살고 계신 '덕성 사랑의 집'을 여러 해 동안 방문했습니다. '성모 자애원'을 방문해서 상처받은 아이들과 함

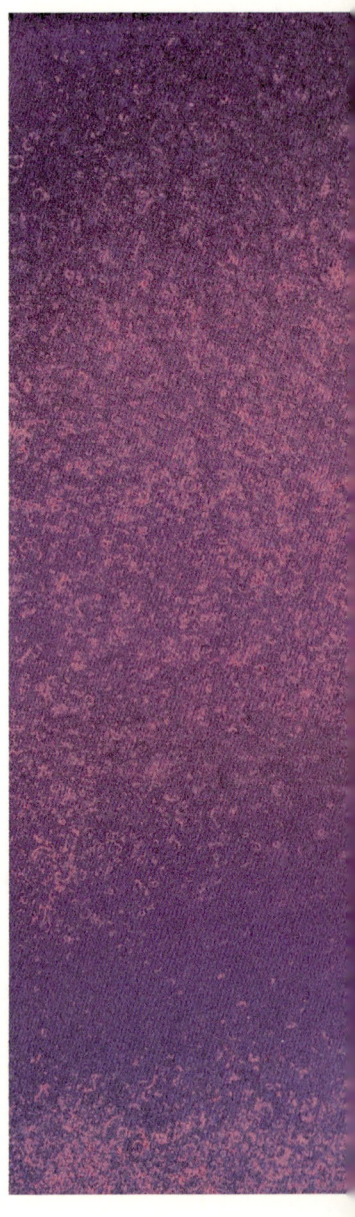

께 여러 해 동안 즐거운 시간을 보내기도 했습니다. 가난 때문에 배움의 기회를 놓쳐 버린 사람들이 공부할 수 있는 '풀무 야학'에서 오랫동안 학생들을 가르치기도 했습니다.

〈연탄길〉 수익금의 많은 금액이 '연탄길 나눔터 기금'을 통해 여러 단체에 후원금으로 보내졌습니다. 그 후원금은 앞을 보지 못하는 사람들에게 빛을 주었고, 심장병을 앓고 있는 어린아이들에게 새 생명을 주었습니다. 무의탁 노인들과 부모 없는 아이들에게 국과 밥이 돼 주었고, 집이 없는 행려병자들에게 주사약과 치료약이 돼 주었으며 장애인들을 위한 전동 휠체어도 돼 주었습니다.

하나님과의 약속을 지키고 싶었습니다. 약속을 지키지 않으면 벌을 받을 것 같았습니다. 부족하다는 것을 알고 있지만 주님과의 약속을 그렇게라도 지키고 싶었습니다.

오랜 시간의 아픔을 통해 아픔도 길이 될 수 있다는 것을, 아픔을 통하지 않고는 절대로 볼 수 없는 것들이 있다는 것을, 저는 알게 되었습니다.

이명과 어지럼증을 고쳐 달라는 저의 기도를 하나님은 아직 들어주지 않으셨습니다. 사람이 원하는 기도의 응답 방식과 하나님이 원하시는 기도의 응답 방식은 다를지도 모른다는 생각이 들었습니다. 이명과 어지럼증을 고쳐 주지 않는 것이 차라리 저에게 더 이로울 거라고 하나님은 생각하셨는지도 모릅니다. 이명이 없어졌다면 저는 더 큰 병을 얻었을지도 모릅니다. 사람들에게 인정받고 싶어서 또다시 몸을 돌보지 않고 미친놈처럼 글을 써 댔을지도 모릅니다.

저는 저 자신을 믿지 않습니다. 때로는 변덕스럽고, 때로는 무분별하며, 때로는 거짓되고, 때로는 비이성적이며, 때로는 악하기까지 한 저를 어떻게 믿을 수 있겠습니까. 때로는 비합리적이며, 때로는 비상식적이고, 때로는 비신앙적인 제가 어떻게 저를 믿을 수 있겠습니까. 제가 하나님을 믿는 이유입니다.

제 양쪽 귀에선 여전히 이명은 들렸지만 이전과 비교할 수 없을 만큼 증상은 좋아져 견딜 만했습니다. 길을 걷다가 어지럼증으로 때때로 걸음을 멈추기도 했고, 증세가 심해지면 지팡이가 필요할 것 같아 가방 속엔 언제나 등산 스틱 두 개를 넣고 다녀야 했지만, 이전에 비하면 충분히 견딜 만했습니다. 우울증과 불면증도 없어졌으니 오랫동안 먹었던 약을 먹지 않아도 됐습니다. 하나님의 은혜로 저는 다시 일어설 수 있었습니다. 하나님, 감사합니다.

꽃이 말해 줄 거야

앞산을 걸을 때마다 초등학생 딸아이에게 꽃 이름을 알려 주었습니다. 아이는 호기심 어린 눈빛으로 이 꽃 저 꽃을 가리키며 자꾸만 제게 꽃 이름을 물어 왔습니다. 도깨비엉겅퀴, 고들빼기, 민들레, 은방울꽃……. 제가 아는 꽃 이름은 모두 알려 주었습니다.

졸참나무 오솔길이 끝나는 곳에 강아지풀이 무덕무덕 피어 있었습니다. 산길을 걸으며 딸아이에게 꽃과 나무와 곤충과 새 이름을 가르쳐 줄 때마다 아이 마음은 한 뼘씩 자라는 것 같았습니다. 더불어 제 마음도 한 뼘씩 자라는 것 같았습니다.

며칠 전 산길을 걷다가 딸아이가 제게 물었습니다.

"아빠는 그렇게나 많은 꽃 이름을 어떻게 다 외웠어?"

슬며시 웃으며 아이에게 말했습니다.

"외운 거 아냐. 꽃을 자주 바라봐 주면 꽃이 자기 이름을 말해 주거든……."

아이는 제게 정말이냐고 물었습니다. 고개를 끄덕이며 정말이라고 아이에게 말했습니다. 아이는 의심스럽다는 눈빛으로 꽃이 어떻게 말을 하냐고 다시 제게 물었습니다. 꽃도 말을 한다고, 나무도 말을 하고, 새들도 말을 하는데, 모든 사람이 꽃과 나무와 새들의 말을 들을 수 있는 건 아니라고, 꽃과 나무와 새를 사랑하는 사람들만 그들의 말을 들을 수 있는 거라고 말해 주었습니다.

"꽃 이름을 알고 싶으면 꽃에게 '네 이름이 뭐니?' 하고 물어봐. 그러면 언젠가는 꽃이 자기 이름을 말해 줄 거야."

아이는 이해되지 않는다는 눈빛으로 잠시 저를 바라보더니 이내 고개를 끄덕였습니다. 아이는 제 말을 믿는 것 같았습니다.

애정 어린 눈빛으로 한결같이 자기를 바라봐 주는 사람에게 꽃은 정말로 자기 이름을 말해 줍니다. 이를테면, 제게 이름을 가르쳐 준 꽃의 이야기는 이렇습니다.

제가 유난히 좋아했던 꽃이 있었습니다. 산길을 지나다가 여러 번 그 꽃을 만났습니다. 만날 때마다 걸음을 멈추고 그 꽃 앞에 앉아, "넌 이름이 뭐니?" 하고 마음속으로 물었습니다. 그 꽃은 하얀색 얼굴만 살랑거릴 뿐 아무 말이 없었습니다. 그 후 다른 장소에서도 그 꽃을 만나 이름을 물어본 적이 있지만 그 꽃은 자기 이름을 말해 주지 않았습니다.

어느 날이었습니다. 그날도 저는 산길을 걷다가 그 꽃 앞에 잠시 쪼그려 앉아 있었습니다. 한 무리의 사람들이 제 옆을 지나다가 그 꽃을 바라보며 "은방울꽃 참 예쁘다"라고 큰 소리로 말해 주었습니다. 저는 그때 그 꽃의 이름이 '은방울꽃'이라는 것을 알게 되었습니다. 제가 그날 그 꽃 앞에 앉아 있었기 때문에 그 꽃의 이름을 알게 된 것입니다. 그 꽃이 좋아서 자꾸 바라봐 주니까, 은방울꽃이 다른 사람을 통해 자기 이름을 말해 준 것입니다. 조금은 낭만적인 해석일지도 모르겠으나, 저는 이것이 터무니없는 낭만이라고 생각하지 않습니다.

우리가 정말로 좋아하는 꽃이 있으면, 그 꽃은 사람을 통해서든, 식물도감을 통해서든, 텔레비전 자연 다큐를 통해서든, 그 무엇을 통해서든, 여러 가지 방식으로 자신의 이름을 우리에게 말해 줍니다.

꽃과 관련된 일을 하는 사람이 아니라면 굳이 꽃 이름을 외우려고 하지 않을 것입니다. 자기가 좋아하는 꽃이니까 어떤 방식으로든 꽃 이름을 알게 되는 것 같습니다. 꽃에 무관심한 사람들에게 꽃은 자기 이름을 말해 주지 않습니다. 꽃에 관심이 있다 해도 오랫동안 한결같은 마음으로 관심을 가져 주지 않는 사람들에게 꽃은 자기 이름을 말해 주지 않습니다.

우리가 포기하지 않고 묻고 또 묻는다면, 무엇이든, 언젠가는, 자신의 비밀을 말해 줄 것입니다. 우리의 꿈도 그럴 것이고 사랑도 그럴 것이고 일도 그럴 것입니다. 우리의 기도도 그럴 것입니다. 나중에 딸아이가 어른이 되면, 꽃 이름을 많이 아는 사람과 결혼해도 좋을 것 같다고 말해 주고 싶습니다. 꽃 이름을 많이 안다는 건 인생을 함부로 살지 않았다는 의미가 될 수도 있을 테니까요.

성경을 통해 얻은 깨달음

아침부터 눈이 내렸습니다. 눈이 내리는데 햇볕도 있어 나무들이 훨씬 다채로워 보였습니다. 벚나무와 밤나무와 낙엽송 가지마다 화가 클림트의 황금색이 흐르고 있었습니다. 삶은 전쟁인데, 세상은 전쟁터인데, 눈 내리는 숲은 성경 말씀처럼 고요하고 평화로웠습니다. 제가 장로회신학대학교의 초청을 받아 강연 갔던 날, 아차산의 풍경도 그랬습니다.

큰 강당은 많은 신학생들로 꽉 차 있었습니다. 자리가 없어 의자 사이의 계단에 앉아 있는 학생들도 많았습니다. 괜스레 미안한 마음이 들었습니다. 초청받은 터라 거절할 수 없어 갔지만 많이 난감했습니다. 며칠 전부터 고민하며 이것저것 준비했지만, 목회자가 될 신학생들 앞에서 제가 무엇을 말해야 할까 고민스러웠습니다. 이전에도 다른 신학교에서 몇 번 강연 초청을 받은 적이 있었지만 정중히 거절을 했습니다. 교회 예배 시간에 여러 번 초대받고 강연이나 간증을 하기도 했지만, 제가 채울 수 있는 자리 같지 않아 거절한 적도 여러 번 있었습니다.

기업이나 일반 대학이나 중고등학교에서 강연할 때는 조금이라도 도움을 줄 수 있을 것 같아 마음이 편했는데, 신학교나 교회에서 강연할 때는 달랐습니다. 강연을 들어야 할 사람이 강연을 하는 것 같아 마음이 불편했습니다. 그 후로 또다시 교회 초청 강연을 부탁받았는데 왠지 거절할 수 없었습니다. 초청 강연을 위해 많은 사람들이 기도하고 있다고, 담당 목사님은 말씀하셨습니다. 저 같은 사람을 예배당에 보내실 때는 주님의 뜻이 있을 것 같아 가겠다고 말씀 드렸습니다.

강연이나 간증을 다녀와서 깨닫게 되었습니다. 주님은 저의 신앙으로 예배당을 풍성히 채우라고 저를 부르신 게 아니었습니다. 턱없이 부족한 저의 신앙을 채우시려고 저를 예배당으로 부르신 것이었습니다. 교회에서 간증이나 강연을 할 때면 언제나 눈물이 나왔습니다. 눈물이 그치지 않아 고개 숙이고 한참을 울었던 적도 여러 번 있습니다. 사람들 앞에서 눈물을 흘리며 제 안의 상처를 치유할 수 있었습니다.

장로회신학대학교에서의 강연은 생각보다 만족스러웠습니다. 나름대로 방향을 잘 잡았던 것 같았습니다. 신학생들 앞에서 하나님 이야기 하는 것이 왠지 부담스럽다는 생각이 들어서 조금은 다른 이야기를 하자 마음먹었거든요. 그나마 제가 조금 아는 것이 문학이어서, 시를 중심으로 진정성과 정서적 교감에 관한 이야기를 했습니다. 일상성을 외면한 예술이 예술이 아닐 수도 있는 것처럼, 일상성을 외면한 신앙은 신앙이 아닐 수도 있다는 믿음이 있어, 일상적인 신앙을 이야기했습니다.

강연 내내 진땀이 흘렀지만, 다행히 제가 외우고 있는 시들이 여러 편 있어, 겉으로는 저의 진땀이 보이지 않았던 것 같습니다. 많은 학생들이 고개를 끄덕이며 공감도 해 주었습니다.

한 시간 강연이 끝나고 30분간 질의응답 시간이 있었습니다. 여러 명의 질문을 받았는데, 마지막 질문이 저를 몹시 당혹스럽게 했습니다. 꽤나 날카로운 어조로 앞쪽에 앉아 있던 학생이 질문했습니다. 신학교 강연에서 시를 이야기하는 것이 별로 마음에 들지 않는다는 눈빛이었습니다.

"강연 잘 들었습니다. 외우기 어려울 것 같은 장편 시를 많이 외우고 계신데요. 외우고 계신 성경 말씀 중에 좋아하시는 말씀을 들려주셨으면 좋겠습니다."

순간, 적막이 흘렀습니다. 저는 당황했고 수많은 눈빛들이 저를 바라보고 있었습니다. 학생이 질문한 요지는 장편의 시를 많이 외우고 있는데, 성경 말씀은 얼마나 많이 외우고 있느냐는 것이었습니다. 잠시 머뭇거렸습니다. 두세 줄씩 암송하는 말씀은 몇 개 있었지만, 제가 외웠던 시만큼 암송할 수 있는 장문의 말씀은 없었습니다.

제가 암송할 수 있는 말씀만 몇 개 이야기하고 간단히 마무리할 수도 있었습니다. 시는 잔뜩 외웠는데 부끄럽게도 성경은 시만큼 외우지 못했다고 용기 있게 고백할 수도 있었습니다. 하지만 그럴 수 없었습니다. 자리가 없어 계단에까지 앉아 있는 학생들에게 은혜가 될 것 같지 않았습니다. 어떻게 할까 잠시 고민하고 있었는데, 머리에서 가슴속으로 별똥별 하나가 툭 하고 떨어졌습니다. 저는 자신감 있는 표정으로 질문한 학생에게 말했습니다.

"죄송하지만 영어로 해도 괜찮겠습니까?"

그는 고개를 끄덕였습니다. 강연장은 더욱 고요해졌습니다. 별똥별처럼 떨어진 말씀이었지만, 얼마나 기억할지 저도 자신이 없었습니다. 한 줄이나 두 줄로 끝날 수 있다는 것을 알면서도 또렷한 목소리로 로마서 5장의 일부를 영어로 암송했습니다.

대학생 시절에 영어를 공부하기 위해 영시(英詩)나 영어 연설문을 외울 때, 무언가에 이끌리어 성경도 하나 외웠는데 그게 로마서 5장이었습니다. 그 뒤 입시 학원에서 영어를 가르치며 몇 번을 더 암송했지만 적어도 십 년 동안 암송한 적이 없었으니 자신이 없었습니다. 그냥, 막다른 골목에서 선택할 수밖에 없었던 똥배짱이었습니다. 주님이 알아서 해주실 거라 생각했습니다.

신기하게도 조금의 막힘도 없이 술술 흘러나왔습니다. 십 년도 넘게 영어 강사를 했으니 발음도 괜찮았는지 놀라운 눈빛으로 저를 바라보는 학생들도 있었습니다. 로마서 5장 전체를 암송한 건 아니었지만 다행히도 꽤 긴 부분을 암송했습니다. 질문했던 학생의 눈빛도 고요해 보였습니다.

강연을 마치고 집으로 돌아오는 길, 뿌듯함도 있었고 뉘우침도 있었습니다. 다른 책은 목숨 걸고 읽으면서도 성경은 열심히 읽지 않은 게 후회됐습니다. 신학생들 앞에서 로마서 5장을 암송하고 나서, 제가 길게 암송할 수 있는 말씀은 로마서 5장의 일부일 뿐이라고 고백하지 않은 것도 후회됐습니다. 로마서 5장의 일부도 영어로 암송할 순 있지만 우리말로는 암송하지 못한다고 솔직히 말하는 게 좋았을 거란 생각도 들었습니다. 신학생들을 위해 좀 더 유익한 강연 내용을 준비하지 못했다는 뉘우침도 있었습니다. 진정한 요리사는 자신의 입맛에 맞추어 요리를 만들지 않을 테니까요.

돌이킬 수 없는 일이라 마음은 아팠지만, 아무리 생각해도 놀라웠습니다. 이십 년 후에 제가 당할 일을 어찌 아시고, 주님은 청년인 저에게 로마서 5장을 암송하게 하셨는지요. 그 당시 저는 성경에 별로 관심이 없었으니 더욱 놀랍기만 합니다. 제가 이 이야기를 사람들에게 말했을 때, 우연일 뿐이라고 말하는 사람들도 있었습니다. 그들의 말처럼 우연일지도 모른다고 저 또한 생각한 적이 있습니다. 설령, 우연이라 해도, 우연을 필연으로 해석할 수 있는 크리스천이라는 게 참 좋았습니다. 우연을 필연으로 해석할 수 있는 것도 크리스천이 누릴 수 있는 행복이라고 생각합니다.

죽음이나 늙음이나 헤어짐 같은 삶의 필연성 앞에 어쩌지 못하는 저희들에게 주님의 은총으로 맞이하는 우연은 얼마나 큰 필연인지요. 우연까지도 필연으로 해석할 수 있게 해주신 믿음 또한 얼마나 큰 선물인지요. 그 후로 저는 이전보다 더 열심히 성경을 읽었습니다. 인간의 생각이나 인간의 언어로는 도무지 이해할 수도 없고 설명할 수도 없는 성경 말씀이 있어, 때로는 의문을 가졌던 적도 있었지만, 말씀에 대한 의문도 여전히 신앙이라고, 저는 생각했습니다.

저는 성경을 통해 삶과 세상을 바라보는 새로운 관점과 지평을 얻을 수 있었습니다. 하지만 성경 말씀을 잊고 세상이 놓은 함정에 빠지기도 했습니다. 성경을 읽으며 진리에 대한 단순의 미학도 깨달을 수 있었습니다. 단순의 미학은, 단순한 것을 단순하게 표현하는 것이 아니라, 비유와 상징과 은유를 통해, 복잡한 것을 단순하게 표현하는 것임을 알게 되었습니다.

아무리 힘센 사자도 고슴도치를 삼킬 순 없겠지요. 고슴도치는 제 몸 가득 신앙을 가지고 있으니까요. 주님이 만들어 주신 신앙을 가지고 있으니까요. 연약하기 짝이 없는 저이지만, 주님이 만들어 주신 신앙이 있어 저는 이 세상을 살아갑니다.

바보 예수

온종일 비가 내리던 날, 제 방 창가에 앉아 비 내리는 숲을 바라보며 주님께 편지를 썼습니다. 장문의 편지였습니다. 주님께 쓴 편지지만 어쩌면 저에게 쓴 편지인지도 모릅니다. 어쩌면 이 책을 읽고 있는 당신께 쓴 편지인지도 모릅니다.

사랑하는 주님, 저에게 만일 맨드라미 씨만큼이라도 작은 믿음이 있다면 그것은 오랜 시간 예배를 통한 목사님들의 말씀이 있었기 때문입니다. 시대적 배경과 역사적 배경과 사건의 배경을 알 수 없어 도무지 이해할 수 없었던 성경의 내용을 조금이나마 구체적으로 알게 된 것도, 마음에 와 닿는 말씀을 틈나는 대로 암송하며 묵상할 수 있었던 것도, 목사님들의 분별력과 권면과 헌신이 있었기 때문입니다.

예배를 소중히 생각하고 예배에 빠지지 않은 것도 목사님들의 말씀을 사모했기 때문이고, 기도를 통해 잘못된 삶을 회개할 수 있었던 것, 고통과 혼돈의 삶 속에서도 분에 넘치는 평화와 고요를 느끼며 살아올 수 있었던 것도 목사님들을 통해 전해 주신 주님 말씀의 감동이 있었기 때문입니다. 믿음은 들음에서 나는 것인데, 이때의 들음은 단지 듣는 행위가 아니라, 삶으로 실천되어야 할 주님의 말씀이라는 것도, 목사님들 말씀을 통해 저는 깨닫게 되었습니다.

주님, 세상을 살아가면서 다른 사람을 의식하지 않는 사람은 없을 것입니다. 저 또한 그렇습니다. 어떤 사람들은 다른 사람들과의 관계 속에서 어떻게든 자신의 존재를 증명하려 하고, 어떤 사람들은 다른 사람들과의 관계 속에서 자신이 어떤 모습으로 처신해야 하는지, 그 존재 방식을 치열하게 고민하기도 합니다.

주님, 사르트르는 제게 많은 질문을 던졌던 철학자입니다. 사람은 누구나 다른 사람과의 관계 속에서만 존재한다고, 사르트르는 말했습니다. 사람은 언제나 다른 사람들의 시선 속에서만 존재하고, 다른 사람들의 시선 속에서만 안정된 자아를 찾을 수 있다는 사르트르의 말은 저에게 많은 공감을 주기도 했습니다.

사르트르의 말은 우리의 면면을 돌아보면 금세 확인할 수 있는 말이었습니다. 여러 사람들이 모여 있는 자리에서 이야기할 때, 우리는 다른 사람을 지나치게 의식합니다. 전체를 의식하기도 하지만, 특별히 한 사람, 혹은 몇몇 사람을 의식하는 경우가 많습니다. 말하는 도중 그가 잠시 자리를 비우면 더 이상 말하고 싶지 않습니다. 그가 돌아왔을 때 다시 말하고 싶어지는 것이지요. 사르트르가 말한 것처럼 사람은 다른 사람들의 시선 속에서만 안정된 자아를 찾을 수 있다는 것을 단적으로 말해 주는 것입니다.

"인간은 존재가 본질보다 선행한다"라고 사르트르는 말했습니다. 곰곰이 생각해도 의미를 정확히 이해할 수 없는 어려운 말이었지만 어느 날 쉽게 풀이해 놓은 책을 통해, 저는 그 의미를 알게 되었습니다. 인간은 자신이 세상에 왜 존재하는지 그 본질적인 이유를 알려고 하지만 그런 것은 없다고, 사르트르는 말한 것입니다. 인간은 특별한 목적 없이 그냥 존재한다는 것이 그의 주장이었습니다.

"인간은 존재가 본질보다 선행한다"는 그의 말은 "인간은 특별한 목적이나 이유가 있어 태어난 것이 아니라 그냥 태어난 것이다"라고 풀이해도 좋을 것 같았습니다. 사르트르가 이렇게 말한 것은 분명한 이유가 있었습니다. 인간은 어떠한 목적이나 이유가 있어 태어난 것이 아니니까, 누구든 자신의 주체적인 선택으로 자신이 원하는 사람이 될 수 있다고, 사르트르는 주장하고 싶었던 것입니다. 사르트르는 인간의 '주체적 선택'을 강조했던 행동하는 철학자였으니까요.

사르트르는 실존주의 철학을 통해 이러한 논리를 전개시켰습니다. 사르트르의 실존주의적 관점에서 바라본다면 '사물의 존재'는 앞에서 말한 '인간의 존재'와 분명히 다릅니다. 형광등을 예로 들어 설명하면, 형광등은 어둠을 밝힐 수 있다는 이유가 있기 때문에 존재한다는 것입니다. 어둠을 밝힐 수 있다는 본질이 있기 때문에 형광등이 존재한다는 것이지요. 물론 주님도 아시겠지만, 더 간략히 말씀드리면, 인간은 태어난 목적이나 이유가 없지만 형광등은 태어난 목적이나 이유가 분명히 있다는 것입니다. 그러니 인간과는 달리 형광등과 같은 물건들은 '본질'이 '존재' 보다 선행한다고 사르트르가 말했던 것이지요.

주님, 저는 사르트르의 생각에 동의할 수 있는 것도 있었습니다. 하지만 동의할 수 없는 것도 있었습니다. 어떤 사상도 시간과 공간과 상황과 가치 의식에 따라 상대적으로 정의될 수 있다고, 저는 생각합니다. 심지어는 주님의 말씀인 성경도 신학자의 견해에 따라 달리 해석되는 경우가 있다고, 목사님으로부터 들었던 적이 있습니다.

기독교적 관점에서 바라본다면 사르트르의 실존주의는 수정되어야 한다는 생각이 들었습니다. 주님이 인간을 만드신 것은 분명한 뜻이 있다는 것, 바로 그것이 기독교적 세계관이기 때문입니다. 인간은 목적이나 이유 없이 세상에 태어나는 것이 아니라, 주님의 뜻에 따라 저마다 소명을 가지고 세상에 태어난다는 것이 기독교적 세계관이라고, 저는 믿고 있습니다. 인간은 주님의 뜻에 따라 선한 일을 하도록 지으심을 받았다고 성경에도 분명히 기록되어 있으니까요.

인간은 저마다 존재하는 이유를 가지고 태어났을 거라고, 저는 믿습니다. 인간이 태어난 것은 본질적인 이유를 가지고 있다는 것이지요. 하지만 복잡한 세상을 살아가는 동안 '이기심'과 '게으름'과 '혼돈'과 '절망'과 '돈' 때문에 주님이 창조하신 인간의 본질은 점점 왜곡되었을 것입니다.

자신보다 가난한 사람들을 위해 평생을 바쳤던 테레사 수녀, 눈 덮인 알프스 산맥을 걸으며 자신의 신발을 옆 사람에게 벗어 주었던 피에르 신부, 물에 빠진 사람을 구하고 힘이 빠져 끝내 자신을 구하지 못하고 죽어 간 익명의 사람들……. 주님도 아시겠지만 다른 사람을 위해 자신을 희생했던 사람들은 이들 말고도 얼마든지 있습니다. 그들이 누군가를 구하겠다는 허영심 때문에 자신을 희생한 것은 아닐 것입니다. 다른 사람의 시선을 의식하고 그들로부터 칭찬받기 위해, 혹은 주님으로부터 칭찬을 받기 위해 그들이 죽음을 선택한 것도 아닐 것입니다. 인간에 대한 사랑이 있었기 때문에, 누군가를 위해 자신을 희생할 수 있다는 굳은 신념이 있었기 때문에, 그들은 자신을 온전히 희생할 수 있었던 것입니다. 주님이 가르쳐 주신 사랑은 그런 것이니까요.

주님, 많은 사람들이 '인생'은 '강물'과도 같다고 말했습니다. 생각해 보면 인간의 삶은 강물을 많이 닮은 것 같습니다. 강물은 흘러가며 바위도 만나고, 벼랑도 만나고, 더러운 물도 만나고, 치욕도 만나지만, 바다로 가는 동안 일억 개의 별을 가슴에 담을 수 있었습니다. 인간의 삶도 그와 같지 않은가요, 주님.

저는, 사르트르의 실존주의보다 톨스토이의 '사람은 무엇으로 사는가'에 더 많이 공감합니다. 사람은 사랑이 있기 때문에 살아갈 수 있고, 누군가를 사랑하기 위해서 사는 것이라고 톨스토이는 말했습니다. 사랑이 있었기 때문에, 소리 없이 우리 곁을 다녀간 사랑이 있었기 때문에 우리는 오늘 하루를 살아 낼 수 있었다는 것이겠지요.

주님, 아주 오래전 공룡이 사라진 것처럼 사랑도 사라지고 있습니다. 많은 사람들이 자본주의 논리를 운운하며 물질과 권력을 하나님처럼 섬기고 있습니다. 오늘날 종교가 쇠퇴하는 것은 종교보다 과학이 더 많은 물질과 희망을 약속해 주기 때문이라고 말하는 사람들도 있습니다.

주님, 이것을 인간의 오만으로만 여기지 마시고 주님의 공의로 다시 세워 주십시오. 먹고사는 일 때문에 혹은 쾌락 때문에 이 모습 저 모습으로 휘청거리는 저희들을 불쌍히 여기시어 주님이 기뻐하실 만한 세상으로 다시 세워 주십시오. 주님은 전지전능하신 분이니까요. 이것은 세상의 주인이신 주님이 세상을 위해 마땅히 하셔야 할 일인지도 모릅니다.

언젠가, 굳게 믿었던 사람에게 지독히 상처받고 집으로 돌아온 날, 세상에 믿을 놈 아무도 없다고 아내에게 말했습니다, 그 순간, 저를 믿을 놈도 아무도 없겠구나 생각이 들어 몹시 쓸쓸했습니다. 주님, 저희가 사는 세상은 빈부의 차이도 깊어지고 있지만, 인간에 대한 불신도 점점 깊어지고 있습니다. 주님을 따르는 사람들이든 그렇지 않은 사람들이든 미래에 대한 불확실성으로 많은 사람들이 불안 속에 있습니다. 고난을 통해 깨달음을 주시려는 주님의 뜻일지도 모르겠지만, 주님의 뜻을 헤아리기에 저희는 너무 연약합니다.

눈앞의 결과만 보고 행복과 불행을 예단하는 저 때문에 주님은 얼마나 상처받으셨나요. 기쁜 일에는 주님을 찬송하고 슬픈 일에는 주님을 원망하는 저 때문에 주님은 얼마나 슬프셨나요. 암송한 성경 말씀 몇 개를 징검다리 삼아, 사람들에게 제 믿음의 크기를 자랑하려 했던 저를 보며 주님은 얼마나 답답하셨나요. 저의 숱한 허물에도 제 손을 굳게 잡고 계신 '바보 예수'를 생각하며, 저는 오늘도 낮은 곳으로, 더 낮은 곳으로 흘러가겠습니다. 저희를 세상에 보내신 주님의 뜻을 생각하며, 오늘 하루도 아무렇게나 살지 않겠습니다, 주님.

장미꽃 화분

햇볕이 잘 들어오는 제 방 베란다엔 조그만 화분이 네 개 있습니다. 장미, 율마, 로즈마리, 애플민트. 이 아이들은 몇 년 전부터 하나씩 하나씩 지인들로부터 받은 것입니다. 애플민트와 율마와 로즈마리는 허브니까 향기가 참 좋습니다.

율마를 손바닥으로 쓸어 올린 후에 손바닥 냄새를 맡아 보면 신선하고 은은한 허브 향기가 납니다. 율마는 봉긋한 치맛자락처럼 생겨 자태도 아름답습니다. 애플민트나 로즈마리 잎을 몇 개 따서 가끔씩 차를 끓여 마시는데 입 안에 퍼지는 향기가 매력적입니다.

장미를 보면 마음이 몹시 안쓰럽습니다. 볼품도 없고 향기도 없어 오랫동안 천덕꾸러기 취급을 받았거든요. 이 아이들 중 가장 먼저 저희 집에 온 아이는 장미입니다.

서울여대에 속해 있는 교회에 강연을 간 적이 있습니다. 귀한 예배 시간에 저도 잘 알지 못하는 말들을 많이 했던 것 같습니다. 학생들은 저에게 무언가를 듣기 원했을 텐데, 저는 그들의 눈빛을 통해 무언가를 배우고 싶었던 것 같습니다. 무엇을 배우고 싶었는지 지금도 잘 모르겠으나, 서울여대를 다녀온 후로 저는 주님 말씀을 암송하기 시작했습니다. 그 후 오랫동안 꽤 많은 분량의 말씀을 암송할 수 있었습니다. 벽면 한쪽은 암송한 말씀으로 가득 찼습니다. 아침에 눈을 뜨면 사물이 또렷이 보이기 전에 말씀부터 읽었습니다. 산길을 다닐 때도 말씀을 암송하며 걸었습니다.

그 후로 여러 교회에 강사로 초대될 때마다 암송한 말씀이 있어 저는 저의 여백을 채울 수 있었습니다. 말씀을 많이 암송하면 성경 없이도 말씀을 수시로 묵상할 수 있어 좋았지만, 제 안에 내면화되지 않은 말씀은 아무리 조화롭게 이야기해도 사람들에게 진정성이나 감동을 전할 수 없다는 것을 뒤늦게 알았습니다. 말씀이 내면화된다는 것은 말씀을 행동으로 실천할 수 있다는 의미일 것입니다. 가슴으로 깨닫는 말씀과 머리로 아는 말씀은 아주 많이 달랐습니다.

벅찬 가슴으로 외웠던 말씀들에 대한 실망감이 적지 않았습니다. 부질없는 짓을 했다는 생각도 들었습니다. 의미를 정확히 알지도 못하는 말씀으로 사람들 앞에서 저의 신앙을 자랑했던 것이 부끄럽기도 했고 후회스럽기도 했습니다. 벽면 가득 붙여 놓았던 말씀들은 하나씩 둘씩 제 곁을 떠나갔습니다. 제가 특별히 좋아하는 말씀만 잊지 않으려고 수시로 암송했습니다.

그런데 어느 날 또 다른 깨우침이 제게로 왔습니다. 내면화되지 않은 말씀은 감동을 줄 수 없지만, 말씀을 내면화시킬 수 있는 좋은 방법은 말씀을 무조건 암기하는 거였습니다. 말씀의 의미를 정확히 알지 못한다 해도, 그래서 그 말씀이 당장의 감동은 줄 수 없다 해도, 말씀을 암기하고 있을 때, 말씀은 삶의 상황과 부딪치며 비로소 내면화될 수 있는 거였습니다.

기쁜 일을 만났거나 슬픈 일을 당했을 때 제 머릿속에 주님의 말씀이 없었다면, 그냥 기쁜 일이 되었거나 그냥 슬픈 일이 될 수도 있었지만, 꺼낼 수 있는 주님의 말씀이 조금은 제 머릿속에 있었기에, 기쁜 일을 통해 주님이 저에게 무엇을 말씀하시고 싶은 건지, 슬픈 일을 통해 주님이 저에게 무엇을 말씀하시고 싶은 건지, 어렴풋이나마 저는 깨달을 수 있었습니다. 주님의 말씀이 저의 삶과 부딪치는 접점에서, 말씀은 내면화되었고, 저는 말씀의 진정한 의미를 얻을 수 있었습니다. 말씀은 '말씀'으로 머물지 않고 '행동'이 되어야 한다는 말씀의 참뜻도 깨달을 수 있었습니다.

말씀을 암송한다고 해서 말씀이 내면화되는 것은 아니었지만, 말씀을 암송하고 있을 때, 하나님의 음성을 들을 수 있고, 말씀은 비로소 내면화되는 것이었습니다.

제가 서울여대 강연을 잊지 못하는 또 다른 이유가 있습니다. 제 방에 있는 장미 화분은 서울여대 예배 시간에 강연을 하고 나올 때 받은 것인데, 장미를 볼 때마다 서울여대에서의 강연이 생각났습니다. 예배가 끝났을 때, 몇 명의 여학생들이 예배당 밖에서 사람들에게 장미 화분을 나누어 주었거든요.

처음엔 예쁜 장미였습니다. 제 방으로 데려와 물도 잘 주었고 꽃도 잘 피웠습니다. 그런데 어느 날부터 장미가 눈에 들어오지 않았습니다. 아마도 애플민트가 제 방으로 온 뒤였던 것 같습니다. 워낙에 허브를 좋아하는 터라 애플민트만 애지중지했던 것 같습니다. 익숙

해진 것들은 조금씩 버림받는다는 것을 새삼 깨닫게 되었습니다.

시들어 가는 장미를 보며 다시 정성을 쏟았지만, 어느 날부터 장미가 또다시 눈에 들어오지 않았습니다. 며칠씩 마감 원고에 쫓기다가 삼사일만 물을 주지 않아도 장미는 당장에라도 죽을 것처럼 엄살을 부렸습니다. 여러 날 동안 여행을 다녀왔을 때, 잎사귀가 온통 노랗게 변해 버린 적도 있습니다. 짠한 마음이 들어 얼른 물을 주었지만 장미는 말라 죽고 말았습니다.

산책하는 길에 버리려고 장미 화분을 거실 한쪽에 두었는데, 죽은 장미 가지에서 연둣빛 싹이 올라오고 있었습니다. 다시 방으로 들여와 정성껏 돌봤습니다. 죽은 줄 알았던 장미에서 꽃봉오리가 다시 맺힐 때, 고마운 마음도 들었습니다.

그 후 허브 종인 율마 화분이 제 방으로 왔고 로즈마리 화분도 왔습니다. 그사이 장미는 몇 번을 죽었다 살았다 했습니다. 장미가 다른 화분들보다 저의 게으름을 견디지 못하는 것 같아 도무지 마음에 들지 않았습니다. "장미를 잘 키우는 사람이 멋진 사랑도 할 수 있다"고, 장미가 저에게 말하는 것 같았습니다. 화분 갈이를 해주려고 큰 화분을 준비했지만 게으름 피우다 그것도 하지 못했습니다. 귀

찮기도 하고, 생명 있는 장미에게 몹쓸 짓을 하는 것 같아, 집 앞 공원에 옮겨 심기로 마음먹었는데 게으름 피우다 그것도 못했습니다.

그 후 장미는 다시 한 번 죽었다 살아났습니다. 그렇게 시간이 지나는 동안 장미는 저에게 가장 사랑받는 아이가 되었습니다. 겨울이면 햇볕의 움직임에 따라 하루에도 몇 번씩 자리를 옮겨 주고, 베란다가 추울 것 같아 따뜻한 제 방으로 옮겨 주기도 했습니다. 비록 처음의 아름다운 자태는 잃었지만, 장미는 잘 자랐습니다.

겨울이 지나 봄이 올 무렵 장미에게 예쁜 화분을 선물했습니다. 저의 무관심에도 끝끝내 살아 준 장미가 고마웠습니다. 장미 덕분에 다른 친구들까지 건강하게 자랐습니다. 장미가 아니었다면 그 아이들도 충분한 햇볕과 물을 맛보지 못했을 것입니다. 가장 천덕꾸러기였던 장미가 다른 아이들을 먹여 살리는 것을 보며 인생의 역설을 생각했습니다. 어쩌면 저의 생을 이끌고 가는 것이 저의 장점이 아니라 단점일지도 모른다는 생각이 들었습니다. 저의 단점들이 저의 장점을 만들지 않았나 하는 생각도 들었습니다. 하나님이 저희들의 허물을 허물로 여기지 않으시고 바라봐 주시는 이유도 어렴풋이 깨달을 수 있었습니다.

율법을 목숨처럼 지키며, 자신의 의로움을 낱낱이 말하는 바리새인보다, 하늘을 쳐다보지도 못하고 가슴을 치며 자신을 불쌍히 여겨 달라고, 자신은 죄인이라고 고백하는 세리를 향해 주님은 의롭다 말씀하셨습니다. 지금 생각해 보면, 서울여대에서 강연할 때, 학생들의 눈빛을 통해 제가 받고 싶었던 것은 장미 화분을 통한 깨달음이었는지도 모릅니다.

인간의 삶을 이끌고 가시는 주님의 은밀한 이야기를 제가 어찌 언어로 표현할 수 있겠습니까. 그것은 언어 바깥의 언어일 것입니다. 가시 돋친 앙상한 꽃대 위에서도 거듭거듭 새잎을 피워 내고 꽃을 피워 내는 장미를 바라보며, 주님의 십자가를 생각했습니다. 이 모습 이대로 저희를 사랑하시는 주님의 깊은 사랑을 생각했습니다. 그러나 저 먼 곳에서 먹구름이 몰려오고 있다는 것을 저는 한 치도 예감하지 못했습니다.

다시 벼랑 끝으로

어느 날 저는 다시 벼랑 끝에 서게 되었습니다. 먼젓번의 고통이 끝나고 나서 2년 후의 일이었습니다. 견딜 만했던 이명이 지난번과는 비교할 수도 없을 만큼 다시 커진 것이었습니다. 극도의 어지럼증으로 다섯 걸음도 걸을 수 없었습니다. 집에서 화장실을 갈 때도 벽을 붙들고 걸어야 했습니다. 어두운 방에 가만히 누워 있으면 귓속에서 들리는 고음의 소리는 찢어질 듯 더 커졌고, 누워 있어도 느껴지는 어지럼증은 땅속으로 저를 빨아들일 것만 같았습니다. 시시각각으로 극도의 불안이 몰려왔습니다.

제 방은 세상과 단절된 고통의 섬이었습니다. 온종일 방에 누워 있었고 밤이 되어도 불을 켜지 않았습니다. 이렇게 살 바에야 차라리 죽는 게 낫겠다는 생각도 들었습니다. 한 달 동안 세수도 하지 않았고 머리도 감지 않았고 수염도 깎지 않았습니다. 어쩌다 머리를 감으면 빠진 머리카락이 욕실의 하수구 구멍을 막아 물이 빠지지 않았습니다. 악몽에 시달리다 새벽에 눈을 뜨면 천장 벽지에 피어 있는 작고 흐릿한 꽃들이 불덩이가 되어 제게로 쏟아질 것만 같았습니다. 그것이 두려워 눈을 감으면 눈가로 눈물이 흘러내렸습니다.

누구라도 죽고 싶은 마음이 들 수밖에 없는 최악의 상황이었습니다. 어떻게 살아가야 할지 막막했고, 막막한 순간마다 잘못 살았던 지난날이 낱낱이, 아프게 지나갔습니다. 하나님을 많이 원망했습니다. 기도도 하지 않았습니다. 하지만 병원에서 처방해 준 약을 먹고도 쉽게 잠들 수 없을 때, 성경 위에 손을 올려놓으면 잠들 수 있었습니다. 크고 강한 힘이 저를 치유하고 있을지도 모른다는 생각이 들기도 했습니다.

진정한 위로

일요일 밤이면 거실에서 커다란 웃음소리가 들려왔습니다. 개그 프로그램을 보는 아내와 딸아이들의 웃음소리였습니다. 불도 켜지 않은 캄캄한 방에 누워 있는 저의 아픔을 아랑곳하지 않는 듯한 웃음소리를 들으면 때때로 분노가 일기도 했습니다. 인생은 어차피 혼자구나, 하는 생각에 막막함도 있었습니다.

하지만 어느 날부터인가 일요일 밤에 들려오는 가족의 웃음소리에 오히려 안도감이 생겼던 것은 왜였을까요? 남편이 병들어 누워 있다고, 아내가 슬픔에만 잠겨 있다면 저는 더 슬펐을 것입니다. 아빠가 아프다고 어린 딸들이 의기소침해 있다면 저는 더 슬펐을 것입

니다. 안도감이 생겼던 것은 바로 그러한 이유 때문일 것입니다. 물론 저 때문에 아내는 많이 울었습니다. 철없는 어린 딸들도 많이 울었고요.

제가 세상과 소통하는 유일한 곳은 제 방의 커다란 창문이었습니다. 손만 뻗으면 나뭇잎이 닿을 수 있는 창문입니다. 창문 가까운 곳에 있는 벚나무들을 바라보며 봄이 오는 것을 알 수 있는 곳입니다. 봄이 오면 어린 딸 손을 잡고 벚나무 아래 돗자리를 펴고 누웠습니다. 바람이 불 때마다 나풀나풀 떨어지는 하얀 벚꽃을 바라보며 얼마나 행복했는지 모릅니다. 벼랑 끝으로 내몰린 캄캄한 시간 동안 벚꽃은 무심히 피어났고 무심히 지고 말았습니다.

아내는 제 방 창가에 꽃 화분을 올려 주었습니다. 꽃 화분은 한 달 간격으로 바뀌었습니다. 봄이면 수선화와 마가렛이나 튤립이 피어났고, 여름이면 메리골드 보이나 피튜니아가 피어 있었습니다. 가을이면 백일홍이나 과꽃이 피어났으며 겨울이면 동백꽃이나 시클라멘이나 포인세티아가 피어났습니다. 아주 가끔씩은 영원히 시들지도 않고 영원히 지지도 않는 꽃들이 제 방 창가에선 피어났습니다.

화분이 바뀔 때마다 여러 가지 생각을 할 수 있었습니다. 형형색색의 꽃들은 제게 말을 걸어왔습니다. 어떤 날은 저를 향해 힘내라고 말하는 것 같았습니다.

그것만이 아니었습니다. 제 방 창가엔 시시각각으로 많은 새들이 날아왔습니다. 아내가 창가에 만들어 놓은 새 모이통이 있었기 때문입니다. 아내는 아침저녁으로 새 모이통 가득 먹이를 담아 주었습니다. 창밖에 펼쳐져 있는 숲속에서 어떤 날은 곤줄박이와 박새와 멧새들이 날아왔고, 어떤 날은 직박구리와 어치와 후투티가 날아왔습니다. 아주 가끔씩 휘파람새나 호랑지빠귀가 날아오기도 했습니다.

밑도 끝도 없이, '산다는 것은 아름다운 것인가?'라는 생각이 들기도 했습니다. 먹고살기 위해 이곳저곳을 분주히 날아다니는 새들을 바라보며, 먹이를 먹다가 덩치 큰 새들이 날아오면 꽁지가 빠져라 줄행랑치는 작은 새들을 바라보며 저도 모르게 웃기도 했습니다. 저를 위로하려고 하나님이 보내신 새들일지도 모른다는 생각이 들기도 했습니다.

· 아내는 왜 제 방 창가에 매달 다른 꽃 화분을 놓아 주었을까요? 아

내는 왜 제 방 창가에 새들이 먹을 수 있는 모이통을 만들어 놓았을까요? 제 방의 창문이 제가 세상과 소통하는 유일한 곳이었기 때문입니다. 낮이나 밤이나 캄캄한 방에 누워 제가 바라볼 수 있는 곳이라곤 오직 창문 밖에 없다는 것을 아내는 알고 있었던 것입니다. 그렇게라도 저를 위로하고 싶었던 것이겠지요.

위로는 함께 울어 주는 것이라고 생각했습니다. 위로는 단지 함께 울어 주는 것만이 아님을 아내를 통해 알게 되었습니다. 절망한 자와 일정한 거리를 두고 조금은 담담한 모습으로 생(生)의 에너지, 즉 살아 있음의 에너지를 나누어 주는 것도 진정한 위로임을 아내를 통해 알았습니다. 아내가 밤낮으로 제 손만 잡고 눈물지었더라면 저는 더 빨리 일어서지 못했을 테니까요.

고통의 섬에서

방에 누워 창문 밖 밤하늘을 보면 다가오는 얼굴들이 있었습니다. 자애원 아이들이었습니다. 아이들의 순한 눈빛을 생각하면 눈가로 눈물이 흘러내렸습니다.

그 몇 해 전 자애원에 처음 갔던 날, 아홉 살 태웅이가 제게 물었습니다.

"아저씨, 다음에도 꼭 올 거죠?"

"그럼. 한 달에 한 번은 꼭 올게. 태웅이 좋아하는 치킨 사 가지고."

아홉 살 태웅이와 새끼손가락을 걸며 굳게 약속했습니다. 제 삶이 아무리 위태로워도 어린 태웅이와의 약속을 지키고 싶었습니다.

한 달에 한 번 자애원에 가는 날 그날은 세수도 하고 머리도 감고 수염도 깎았습니다. 아내가 도와주지 않았다면 불가능한 일이었습니다. 아내는 저와 치킨을 자애원까지 실어다 주었습니다. 어지럼증이 심해 계단을 오르내리는 것도 두려웠으니 한 달에 한 번 자애원으로 가는 길, 그 길이 제게는 너무 먼 길이었습니다. 어지럼증 때문에 몇 번이고 땅바닥에 주저앉아 눈물을 글썽이기도 했습니다.

제가 그곳을 갈 수 있었던 건, 저에게 사랑이 남아 있어서가 아니었습니다. 어린아이들과의 약속 때문이었습니다. 무엇보다도 수년 전, 같은 아픔을 겪을 때, 아픔에서 일어나면 저 하나만을 위해 살지 않겠다고 다짐했던 하나님과의 약속 때문이었습니다. '연탄길 나눔터 기금'을 통해 여러 단체에 후원금을 보내는 일 또한 단 한 번도 거르지 않았습니다. 하나님과의 약속 때문이었습니다.

눈 치우는 아버지

온종일 함박눈이 내리던 날이었습니다. 아내가 창가에서 저를 불렀습니다. 아내는 창문 밖 멀리 서 계신 아버지를 바라보고 있었습니다. 아버지는 수북이 눈을 맞으며 빗자루를 가지고 우리 차 위에 쌓인 눈을 걷어 내고 있었습니다. 우울증을 앓으며 온종일 방에만 틀어박혀 있는 남편을 데리고 나가려고 아내가 몇 달 전 사 가지고 온 중고차였습니다.

한 시간쯤 지나 차 위에 눈이 다시 쌓이면, 아버지는 또다시 나와 눈을 치우셨습니다. 아버지는 낮부터 밤까지 거의 한두 시간 간격으로 차 위에 눈을 치우셨습니다. 다음 날이라도 아픈 아들을 태우고 소풍 갈 수 있도록 아버지는 눈이 그칠 때까지 차 위에 쌓인 눈을 걷어 내셨던 것입니다.

우울증을 앓는 아들의 손을 한 번도 잡아 준 적 없는 아버지는 그렇게 아들의 손을 잡고 있었습니다. 거의 매일 밤마다 술에 취해 엄마를 괴롭히며 어린 자식 가슴속에 지워지지 않는 상처를 남긴 아버지였습니다. 아버지는 제 가슴속 상처를 짐작도 못했습니다. 한 번도 말한 적이 없었으니까요. 마음속 울분을 말하기엔 아버지의 사랑이 깊었기 때문입니다. 아버지의 사랑을 생각해서라도 우울증에서 빨리 일어나고 싶었습니다. 아버지에게 희망과 용기를 드리고 싶었습니다.

하나님이 주신 깨달음

몸이 약할 대로 약해져 감기조차 이기지 못했습니다. 이 주일이 넘도록 밤새도록 심한 기침을 했습니다. 기침을 할 때마다 제 목에선 소독약 같은 냄새가 올라왔습니다. 심하게 진행된 폐렴 때문에 15일 동안이나 입원 치료를 받았습니다. 입원 치료를 받는 동안 제가 기댈 수 있는 것은 오직 하나님과 의사뿐이었습니다.

절망의 시간 동안 한 번도 읽지 않았던 성경을 다시 읽기 시작했습니다. 그것은 기도나 마찬가지였습니다. 병원에 있는 동안 많은 것을 깨닫게 되었습니다. 고막을 찢을 듯 들려오는 이명이 괴롭더라도 더 이상 이명에 끌려다니지 않겠다고 하나님과 약속했습니다.

걸음을 걸을 수 없을 만큼 어지럼증이 두렵더라도 더 이상 어지럼증 때문에 절망하지 않겠다고 눈물 흘리며 하나님과 약속했습니다.

퇴원 후 몇 년 만에 산길을 걸었습니다. 어지럼증에 대한 두려움 때문에 등산 스틱 두 개를 힘껏 쥐어야 했습니다. 산길에 서서 가까이 있는 제 방 창문을 한참 동안 바라보았습니다. 방 안에 누워 있는 제 모습이 보이는 것 같았습니다. 아내가 창가에 놓아 둔 꽃 화분과 새 모이통이 보여 마음이 뭉클했습니다. 누군가의 슬픔을 아랑곳하지 않은 채 세상은 고요히 흘러가고 있었지만, 매일매일 산길을 걸으며 건강을 회복해야 한다고 주님이 말씀하시는 것 같았습니다. 자연은 하나님이 쓰신 제2의 성경이라는 유명한 말이 생각났기 때문입니다.

매일매일 산길을 걸으며 건강은 조금씩 회복되었습니다. 아픔과 불안과 절망 속에서 이명 소리도 조금씩 작아졌고 어지럼증도 이전보다 좋아졌습니다. 이명과 어지럼증으로 생긴 우울증도 조금씩 좋아졌습니다. 밤이 되면 가까이 들려오는 소쩍새 울음소리도 풀벌레 울음소리도 모두 제 마음을 치유해 주었습니다.

쉽게 사라지지 않는 두려움

어지럼증이 이전보다 좋아져 등산 스틱 없이 길을 걸어 보았습니다. 그것이 자신이 없을 때는 등산 스틱을 손에 들고 다녔습니다. 등산 스틱을 짚지 않고 손에 들고 있는 것만으로도 두려움을 덜어 낼 수 있었습니다. 어떤 날은 등산 스틱을 가방에 넣고 용감하게 길을 걸었습니다. 문제는 신호등을 건널 때였습니다. 길을 건너다 어지러우면 중간에 주저앉아야 할지도 모른다는 두려움 때문입니다.

중요한 약속이 있어 시내로 나갔습니다. 약속 장소로 가려면 건널목 하나를 건너야 하는데 건널 수가 없었습니다. 급하게 나오느라 등산 스틱을 가방에 넣어 오는 것도 잊었습니다. 그리 길지도 않은 건널목을 건너지 못해 신호등 아래 서서 식은땀을 흘리는 사내의 모습이 상상이 가시는지요. 신호가 열 번도 넘게 바뀌었는데 저는 건널목을 건너지 못했습니다. 약속 시간은 이미 지났고, 누군가에게 함께 길을 건너 달라고 부탁하고 싶었지만 그럴 수도 없었습니다. 그러다 좋은 생각이 났습니다. 근처에 있는 편의점으로 갔습니다. 긴 우산을 사서 지팡이로 쓸 생각이었습니다.

긴 우산 하나 사기가 힘들었습니다. 근처 편의점에서 파는 우산은 모두 접이 우산이었습니다. 30분이 넘도록 근처 편의점을 헤매다 긴 우산 하나를 겨우 살 수 있었습니다. 긴 우산을 들고 신호를 기다리는데 마음 한쪽이 무너져 내렸습니다. 우산을 짚고 건너면 계속 그래야 할지도 모른다는 생각이 들었습니다. 긴 숨을 내쉬고 우산을 한쪽 겨드랑이에 끼운 채 신호가 바뀌기를 기다렸습니다. 잠시 후 신호가 바뀌고 요란한 신호음이 울릴 때 저는 우산을 겨드랑이에 끼운 채 건널목을 무사히 건넜습니다.

길을 건널 수 있었던 것은 불현듯 솟아난 저의 용기 때문이었을까요? 아니었습니다. 지팡이로 쓸 수 있는 긴 우산을 들고 있지 않았다면 저는 그날 건널목을 건널 수 없었다는 것을 잘 알고 있었기 때문입니다.

제가 느꼈던 그날의 절망은 어지럼증에 대한 공포를 느껴 본 적이 없는 사람은 상상할 수 없는 아픔이었습니다. 그날 밤부터 저는 한 달이 넘도록 건널목 건너는 연습을 했습니다. 사람이 별로 다니지 않는 건널목을 정해 수십 번을 건넌 적도 있고 어떤 날은 백 번을 넘게 건넌 적도 있습니다. 그래도 두려움은 사라지지 않았습니다. 그 후로 저는 10년이 넘도록 등산화를 신고 다녔습니다. 모두 합하면 13년이 넘도록 외출할 때마다 등산화를 신고 다닌 것입니다.

친구를 만날 때도 등산화를 신었고, 부모님께 갈 때도 출판사에 갈 때도 등산화를 신었습니다. 심지어는 공공기관 강연이나 기업 강연을 갈 때도 저는 등산화를 신고 갈 수밖에 없었습니다. 사람들이 제게 "등산을 정말로 좋아하시나 봐요"라고 말할 때마다 그냥 웃을 수밖에 없었습니다. "제 가방 속엔 등산 스틱도 두 개나 들어 있어요"라고 그분들에게 말할 수 없었습니다. 마음속으로만 이렇게 말했습니다.

"저는 수시로 느끼는 어지럼증 때문에 지팡이가 필요합니다. 아직은 젊으니 지팡이를 짚고 다닐 수 없어서, 어지러울 때마다 지팡이 대신 등산 스틱을 짚고 다닙니다. 구두나 운동화를 신고 등산 스틱을 짚고 다니면 이상하게 보이잖아요. 그래서 어쩔 수 없이 등산화를 신고 다닙니다."

이렇게 말하고 나면 제가 얼마나 가엾게 보이겠습니까?

저는 비 오는 날을 좋아합니다. 비가 오는 날이면 등산 스틱을 챙길 필요가 없기 때문입니다. 빗속을 걷다가 어지러우면 언제든지 우산을 접어 지팡이로 사용할 수 있으니까요. 실제로 그래 본 적이 있습니다. 이상한 눈빛으로 쳐다보는 사람도 별로 없었습니다.

내게 능력주시는 자 안에서
내가 모든 것을 할 수 있느니라

"내게 능력주시는 자 안에서 내가 모든 것을 할 수 있느니라"

글을 쓰는 책상과 그림을 그리는 작업대 두 곳에 이 성경말씀을 오랫동안 붙여 놓았습니다. 글을 쓰고 그림을 그릴 때마다, 혹은 이런 저런 일로 절망을 느낄 때마다 성경말씀을 바라보며 용기를 얻고 싶었기 때문입니다. 이명과 어지럼증이 저를 힘들게 하는 날도 많았지만, 내게 능력주시는 주님 안에서 무엇이든 할 수 있다고 저는 굳게 믿었습니다. 그러나 간절한 기도에도 불구하고 불안이 깊어질 때도 있었습니다. 내게 능력주시는 자 안에서 모든 것을 할 수 있다고, 주님은 사도 바울을 통해 저에게 말씀하셨는데 간절히 기도해도 이루어지지 않는 것들이 있었습니다. 책상과 그림 작업대에 붙여 놓은 "내게 능력주시는 자 안에서 내가 모든 것을 할 수 있느니라"라는 성경말씀이 낯설게 느껴지기도 했습니다. 차라리 떼어 버릴까 생각도 했습니다.

그러던 어느 주일 날, 목사님 말씀을 통해 제 생각이 잘못 되었음을 알게 되었습니다. "내게 능력주시는 자 안에서 내가 모든 것을 할 수 있다"고 자신감 있게 고백하려면 먼저 선행 되어야 할 조건이 있었던 것입니다. 그 선행조건은 '어떠한 형편에서도 스스로 만족하는 법을 먼저 배워야 한다는 것' 입니다. 어떠한 형편에서도 스스로 만족하는 법을 먼저 배웠을 때, 비로소 내게 능력주시는 자 안에서 내가 모든 것을 할 수 있다고 고백할 수 있는 것이었습니다. 더 간략히 정리하면, 내가 처한 조건이 악조건이라 해도 불평하지 않고 주님께 기도할 때, 주님은 내게 모든 것을 할 수 있는 능력을 주신다는 것입니다. 사도바울의 말씀을 통해 저는 조금씩 마음의 평화를 찾을 수 있었습니다.

"내가 궁핍하므로 말하는 것이 아니니라 어떠한 형편에든지 나는 자족하기를 배웠노니 나는 비천에 처할 줄도 알고 풍부에 처할 줄도 알아 모든 일 곧 배부름과 배고픔과 풍부와 궁핍에도 처할 줄 아는 일체의 비결을 배웠노라 내게 능력주시는 자 안에서 내가 모든 것을 할 수 있느니라"(빌 4:11~13).

이 말씀을 제 마음 깊은 곳에 새겨 놓아도, 삶의 상황이 끝끝내 저를 괴롭힐 때면 저는 결국 불평을 늘어놓았습니다. 인간이 이토록 연약하다고, 인간은 바뀌지 않는다고, 결국엔 자신의 원래 모습으로 돌아갈 수밖에 없다고 스스로 인정하며 저를 위로하고 싶었지만, 매번 '인간의 연약함'을 핑계대기만 한다면 저의 신앙이 한 뼘이라도 자랄 수 있겠습니까. '인간의 연약함'을 핑계대지 말고, '인간의 연약함'을 넘어서려고 애쓰는 것, 그것이 주님께서 제게 가르쳐 주신 신앙이었습니다. 저의 연약함과 맞서 싸울 수 있게 해 달라고 주님께 기도했습니다. 인간은 결코 쉽게 변하지 않지만, 신앙은 나를 고칠 수 있는 유일한 가능성이라고 저는 굳게 믿었습니다. 인간에게는 허위보다 진실을 더 사랑하는 본성이 있다는 성 어거스틴의 말은, 제게 용기를 주었습니다. 아무리 어두운 밤도 달과 별들까지 어둡게 만들 수는 없다는 성 어거스틴의 말은 제게 큰 위로였습니다.

'믿음으로 바로 선 나의 모습'을 가질 때까지, 기도하며 나를 기다려주는 것 또한 '믿음으로 바로 선 모습'이라고 저는 생각했습니다. 이런 의미에서 독일 신학자 위르겐 몰트만의 신학적 통찰은 앞에서 말씀드린 사도바울의 말씀과 절묘한 조화를 이루며 제게로 다가왔습니다.

"기다림은 삶을 행복하게 만든다. 왜냐하면 기다리는 사람은 자신의 한계를 전부 받아들일 수 있기 때문이요, 행복 속에서만 기뻐하지 않고 고난 속에서도 기뻐할 수 있기 때문이다."

아울러 위르겐 몰트만은 이렇게 말했습니다.

"신앙은 생명의 정오(正午) 안에 세워지는 것이 아니라 밤과 낮,

사라지는 것과 다가오는 것이 서로 투쟁하는 새로운 날의 여명 안에 세워진다."

위르겐 몰트만의 이 말은, 신앙은 오직 기쁨의 모습으로만, 오직 희망찬 모습으로만, 오직 우리가 원하는 모습으로만 오지 않는다는 것을 의미할 것입니다. 위르겐 몰트만의 이 말은, 기쁨과 슬픔의 투쟁, 희망과 절망의 투쟁, 우리가 원하는 것과 우리가 원하지 않는 것의 투쟁을 통해 신앙은 비로소 세워진다는 의미일 것입니다.

"참된 현재는 시간 속에 내재하는 영원과 조금도 다르지 않다."고 몰트만이 말했던 것은 지금 내가 느끼는 기쁨과 슬픔만큼 하나님도 똑같이 기뻐하고 슬퍼한다는 의미일 것입니다. 내가 모욕을 당했다면 하나님도 함께 모욕을 당한 것이고, 내가 절망하고 있다면 하나님도 함께 절망한다는 것입니다. '참된 현재'는 '영원'과 조금도 다르지 않다는 위르겐 몰트만의 말은, '지금의 참된 나의 모습'은 '하나님의 모습'과 조금도 다르지 않다는 의미이기 때문입니다. "인간의 '현재'는 하나님의 현재와 조금도 다르지 않다."는 몰트만의 신학적 견해는 자신의 말을 뒷받침하고 있습니다.

제가 눈물 흘릴 때 하나님은 단지 저의 눈물을 닦아 주시는 분이 아니었습니다. 하나님은 저와 똑같은 아픔을 느끼며 제 옆에서 눈물 흘리시는 분이었습니다. 제가 어떤 성취를 이루었을 때도 하나님은 단지 저를 통해 감사 인사만을 받으시는 분이 아니었습니다. 하나님은 저와 똑같은 기쁨을 느끼며 제 옆에서 기뻐하시는 분이었습니다. 그러므로 슬픔을 당했을 때, 하나님을 원망하지 않고, "주님…… 저와 함께 계셨군요."라고 고백할 수 있는 자의 신앙은 얼마나 아름다운 것인가요.

어둠의 빛

하나님의 사랑과 가족들의 눈물 어린 기도로 저는 다시 일어설 수 있었습니다. 3년 만에 다시 일어서던 어느 봄날, 세숫대야에 물을 떠다가 어린 딸아이의 발을 닦아 주었습니다.

"아빠가, 정말 미안해……."

더 이상 말을 잇지 못하고 저는 어린 딸 앞에서 소리 내어 울었습니다. 그날 저녁 어린 딸아이 손을 잡고 창문 밖에 서 있는 벚나무 아래로 갔습니다. 커다란 벚나무 아래 서서 꽃송이 하나마다 눈인사를 건넸습니다. 눈물이 나올 것 같았습니다. 그날 집으로 돌아와 창문 밖에 서 있는 벚나무를 그렸습니다. 꽃 한 송이 한 송이를 정직하게 그렸습니다. 분홍 꽃술을 중심으로 꽃잎 다섯 장을 그리며 벚나무 한 그루를 완성했을 때, 저는 비로소 벚꽃이 얼마나 힘들게 피어나는 것인지 알게 되었습니다.

고통의 섬에서 저는 아무것도 아닌 저를 볼 수 있었습니다. 아무것도 보이지 않았던 고통의 섬에서 저는 더 많은 것들을 볼 수 있었습니다. 아파야 보이는 것들이 있었습니다. 오직 아픔을 통해서만 볼 수 있는 것들이 있었습니다. 오직 아픔을 통해서만 들려오는 하나님의 음성이 있었습니다. 칼 구스타브 융은 그것을 '어둠의 빛'이라 명명했습니다. 오직 어둠을 통해서만 인도되는 빛이 있다는 뜻이겠지요. 오직 캄캄한 시간을 통해서만 깨닫게 되는 것이 있다는 것입니다.

아픔은 제게 길을 가르쳐 주었고, 겸손을 가르쳐 주었고, 감사를 가르쳐 주었습니다. 심령이 가난한 자, 애통하는 자는 복이 있다는 하나님 말씀의 참뜻도 마음 깊은 곳에 선명히 새길 수 있었습니다. 저는 길고 길었던 두 번의 고통의 시간을 통해 "하나님은 우리가 원하는 것을 주시는 게 아니라 우리에게 필요한 것을 주신다"는 C. S. 루이스의 말을 뼈저리게 깨달을 수 있었습니다. 주님, 감사합니다.

뮤지컬 연탄길

아픔에서 다시 일어나 얼마 지나지 않아 「뮤지컬 연탄길」 공연이 있었습니다. 「뮤지컬 연탄길」 속엔 제 아버지의 이야기가 담겨 있습니다. 〈연탄길〉 속에 제 아버지의 이야기가 실려 있었기 때문입니다. 무대 위에서 제 아버지를 연기하는 배우를 통해 느꼈던 것을 말씀드리려면 〈연탄길〉에 실려 있는 아버지 이야기를 간략히 소개해야 할 것 같습니다.

어린 시절, 나의 가족은 조그만 단칸방에 살았습니다. 다섯 식구가 살기엔 작은 방이었습니다. 아버지는 가족의 가난에 대한 죄책감으로 몹시 힘들어한 것 같습니다. 어린 자식들이 공부방이 없다고 불평할 때나, 다 떨어진 신발 때문에 창피하다고 울먹일 때면, 아버지는 슬그머니 밖으로 나가 술 한 병을 사 가지고 들어왔습니다. 아버지는 곰팡이 핀 벽을 향해 돌아앉아 말없이 술을 마셨습니다. 아버지의 눈물이 등 뒤로 보이는 것 같았습니다.

한밤중 폭우가 쏟아져 천장 여기저기에서 빗방울이 떨어졌습니다. 엄마는 세숫대야와 양동이를 가지고 들어와 빗물이 떨어지는 여기저기에 두었습니다. 여러 날 전 우유 배달 일을 하다가 팔에 골절을 당해 깁스붕대를 하고 있던 아버지는 그날도 술을 사러 밖으로 나갔습니다. 그런 아버지가 몹시 원망스러웠지만 아무 말도 할 수 없었습니다.

밤이 늦어도 아버지는 돌아오지 않았습니다. 엄마와 누나와 형과 함께 아버지를 찾으러 나갔지만 아버지를 찾을 수 없었습니다. 아버지를 발견한 것은 한참이 지나서였습니다. 아버지는 천둥 치고 번개 치고 폭우가 쏟아지는 지붕 위에 앉아 있었습니다. 아버지는 깁스한 팔을 가누며, 빗물이 새는 깨어진 기와 위에 앉아 힘겹게 우산을 받치고 있었습니다. 사나운 비바람에 아버지가 금세라도 날아가 버릴 것만 같았습니다.

아버지는 비가 그치고 새벽이 올 때까지 천둥 치는 지붕 위에 앉아, 식구들의 가난을 힘겹게 받쳐 들고 있었습니다.

「뮤지컬 연탄길」 첫 공연이 있던 날이었습니다. 추운 겨울, 아버지, 어머니를 모시고 공연을 보기 위해 명보 아트홀로 갔습니다. 아버지, 어머니와 나란히 앉아 공연을 보기 힘들 것 같아, 저는 부모님 바로 뒷자리에 앉았습니다. 공연 2막에서 아버지 이야기가 나올 때, 오래전의 가슴 아린 풍경을 바라보는 아버지 심정이 어떠할까, 가만히 생각해 보았습니다. 묵묵히 바라보는 늙으신 아버지의 눈에도 저처럼 눈물이 맺혔을 것 같았습니다.

앞에서도 말씀드렸지만 저의 어린 날 아버지는 저에게 씻을 수 없는 상처를 주었습니다. 하지만 아버지는 저에게 감동을 주기도 했습니다. 천둥 치던 지붕 위에 앉아 있던 아버지의 모습이 지금도 눈앞에 선연합니다. 비가 그치고 새벽이 올 때까지 폭우 쏟아지는 지붕 위에 맨발로 앉아 있었던 아버지를 생각하면 지금도 눈가에 눈물이 맺힙니다. 지금도 아버지를 생각하면 사납게 쏟아지던 빗방울 소리가 귀에 쟁쟁합니다.

강아지 밥그릇

몇 년 만에 처음으로 가족 여행을 떠났습니다. 여행지는 강원도 봉평이었습니다. 봉평 마을엔 들판 가득 하얗게 메밀꽃이 피어 있었습니다. 메밀밭이 내려다보이는 민박집에 머물렀습니다.

민박집 앞마당엔 예쁜 강아지 한 마리가 살고 있었습니다. 강아지 밥그릇은 이리 차이고 저리 차여 온통 찌그러져 있었습니다. 찌그러진 강아지 밥그릇이 조금은 안쓰러웠습니다. 민박집 주인을 향해, 웬만하면 강아지 밥그릇 좀 바꿔 주지, 하고 속으로만 말했습니다. 곰실곰실 앞발을 들며 저에게 장난을 걸어오는 강아지는 그래도, 행복해 보였습니다.

여행을 갈 때면 늘 양초 하나를 챙겨 갔습니다. 여행지에서 촛불을 켜는 것은 단지 낭만적이라는 이유만은 아니었습니다. 풀벌레 울음소리 들리는 방 안에 누워 촛불을 켜 놓고 책을 읽으면 더 깊은 사유를 얻을 수 있었습니다. 어쩌면, 촛불이 주는 신비였는지도 모르겠습니다.

늦은 밤부터 소나기 내리는 소리가 들렸습니다. 굵은 빗방울이 창문을 세차게 두들겨 댔습니다. 비 오는 창문 밖을 바라보았습니다. 어둠 속에서 하얀 메밀꽃들이 비바람에 몸을 뒤채고 있었습니다.

잠시 후 비가 그쳤습니다. 마당으로 나가 보니 강아지 집에 들어가 있던 강아지도 마당으로 나와 있었습니다. 강아지는 소나기가 지나간 땅 위에 가만히 누워 있었습니다. 강아지가 잠든 것 같아 살금살금 강아지 옆으로 다가갔습니다. 강아지는 잠들어 있었습니다.

잠든 강아지를 깨울까 하다가 그냥 돌아서는데 번개처럼 제 시선을 잡은 것이 있었습니다. 아…… 빗물 가득 고인 강아지 밥그릇에 별이 총총 떠 있었습니다. 소나기 지나간 하늘에도 별이 총총했습니다. 강아지 밥그릇에 떠 있는 별빛은 하늘에 떠 있는 별빛보다 아름다웠습니다.

강아지 밥그릇에 별이 뜰 수 있었던 건 찌그러진 밥그릇 때문이었습니다. 강아지 밥그릇이 새것이었다면 별은 뜨지 않았을 테니까요. 반짝이는 새 그릇이 별보다 더 반짝이려 할 테니 별이 뜰 수 있었겠습니까?

별빛 내려앉은 찌그러진 강아지 밥그릇을 바라보며 하나님이 가르쳐 주신 겸손을 생각해 보았습니다. 민박집 마당에서 만난 강아지 밥그릇은, 일그러지고 찌그러진 모습으로도 별빛을 담을 수 있다는 주님의 말씀처럼 들려왔습니다. 현실의 조건들은 때때로 감당할 수 없을 만큼 괴롭지만, 일그러지고 찌그러진 모습으로도 삶에 대한 감사를 잊지 말아야 한다는 주님의 말씀처럼 들려왔습니다. 곰곰이 생각해 보면 감사한 일이 많았습니다.

머리맡에 멋진 '별 그림'을 걸어 놓고 강아지는 평화롭게 잠들어 있었습니다. 그날 밤의 풍경이 그 후로 오래도록 잊히지 않았습니다.

제가 이 글을 쓸 수 있었던 것은 제 마음 깊은 곳에 소중히 간직하고 있는 이동순 시인의 아름다운 시(詩) 〈별〉이 있었기에 가능했습니다.

개 밥그릇엔 물이 조금 고여 있습니다
그 고인 물 위에
초롱초롱한 별 하나가 비칩니다　　　 – 〈별〉 중에서 –

이 시가 제 가슴 속에 없었다면, 저는 봉평의 민박집 앞마당에서 우연히 만난 강아지 밥그릇에 떠 있는 '아름다운 별'을 발견하지 못했을 것입니다. 무심히 지나칠 수도 있는 별을 다시금 바라볼 수 있게 해 준 이동순 시인의 〈별〉은 얼마나 아름다운 시(詩)인가요. 이동순 시인의 시 〈별〉의 전문(全文)을 읽어 보시면 그 놀라운 깊이를 만나실 수 있습니다.

악어거북

이 그림이 무엇처럼 보이시는지요? 언뜻 보면 거북이 같은데, 등껍질은 악어를 닮지 않았나요? 거북이와 악어의 모습을 골고루 가지고 있다 해서 이것의 이름은 악어거북입니다.

빗소리를 들으며 책상에 앉아 악어거북을 그렸습니다. 악어거북을 그리는 내내 마음이 편치 않았습니다. 악어거북을 그리며 저를 돌아볼 수 있었기 때문입니다.

말씀드린 것처럼 악어거북은 생김새가 악어를 쏙 빼닮았습니다. 악어거북의 등짝은 울퉁불퉁한 돌덩이처럼 생겼습니다. 악어거북이 물속에 엎드려 있으면 이끼가 잔뜩 낀 납작한 돌멩이 같았습니다.

악어거북의 입속에는 언제나 빨간 지렁이 한 마리가 꿈틀거리고 있습니다. 물고기를 유인하려고 악어거북이 입속에 만들어 놓은 가짜 지렁이입니다. 악어거북이 자신의 혀로 만들어 놓은 것인지, 혈관으로 만들어 놓은 것인지는 잘 모르겠으나, 악어거북 입속에 있는 가짜 지렁이는 진짜 지렁이 같습니다.

악어거북의 사냥법은 간단합니다. 물속에 돌멩이처럼 납작 엎드려 입만 크게 벌리고 있으면, 가짜 지렁이를 먹으려고 물고기가 다가옵니다. 악어거북은 자신의 입속으로 다가오는 물고기를 날랜 동작으로 잡아먹기만 하면 되는 것이지요. 지렁이를 먹겠다고 악어거북의 입속으로 머리를 처박는 물고기들이 있으니 악어거북의 사냥 기술이 놀랍기만 합니다.

악어거북이 만들어 놓은 함정은 어쩌면, 물고기들이 만들어 놓은 함정이었는지도 모르겠습니다. 먹이를 의심하지 않는 믿음은 언제나 함정이 될 수도 있기 때문입니다. 분별력 없는 물고기들이 죽음을 당하는 거니까요. 사람들이 만들어 놓은 함정도 크게 다르지 않습니다. 다른 사람이 파 놓은 함정도 있지만 자기 스스로 파 놓은 함정도 있습니다.

정말 예쁜 여자인데 스스로를 예쁘다고 말하는 여자는 정말로 예쁜 여자일까요? 정말 멋진 남자인데 스스로를 멋지다고 말하는 남자는 정말로 멋진 남자일까요? 저는 지금 여러분께 '겸손'을 이야기하려는 것이 아닙니다. 악어거북의 이야기에 빗대어 '아름다움의 함정'을 이야기하려는 것입니다.

아름다움이 스스로를 아름답다고 말할 때 아름다움은 자신의 근거를 잃어버리는 것인지도 모릅니다. 아름다움이 아름다움을 자신의 입으로 말하려 할 때 아름다움의 광휘는 사라지는 것인지도 모릅니다. 진정으로 아름다운 것들은 귀만 있고, 입이 없기 때문입니다. 스스로 낮아지는 것이 아름다움의 진짜 모습 아닐까요? 소외된 것들의 손을 잡아 주고, 변방을 품어 주는 것이 아름다움의 진짜 모습 아닐까요?

저는 여전히 이런저런 오류와 더불어 살아가고 있습니다. 아주 간혹 사람들 앞에서 자랑을 하곤 했습니다. 제가 말하지 않으면 남들이 알아줄 리 없는 것들을 자랑이 아닌 것처럼 넌지시 말했습니다. 너무 기뻐 잠도 오지 않았던 일들을 자랑하고 나면, 왠지 모를 자괴감에 빠져, 아직 멀었다는 자책이 들기도 했습니다. 저의 기쁨을 진심으로 축하해 줄 사람이 세상엔 그리 많지 않다는 것을 아는 나이가 되었기에 마음이 몹시 쓸쓸했습니다. 자랑하고 싶은 마음도 버리고, 인정받고 싶은 마음까지 모두 버릴 수 있을 때 우리는 비로소 나 자신에게 자랑스러운 사람, 나 자신에게 인정받을 수 있는 사람이 되는 것은 아닌지요? 하지만 그것은 얼마나 어려운 일입니까?

악어거북의 입속에 있는 가짜 지렁이에 속은 물고기가 바로 저였습니다. 제가 탐했던 것들 중에 많은 것들이 악어거북의 입속에 있는 가짜 지렁이였습니다. 가짜인 줄도 모르고 저는 사탄의 아가리 속으로 고개를 처박은 적도 여러 번 있습니다. 가장 무시무시한 사탄은 제 안에 있었습니다.

수도 없이 이런 고백을 하면서도, 저는 왜 여전히 누군가에게 자랑스러운 사람이 되고 싶은 것일까요? 저는 왜 누군가에게 인정받는 사람이 되고 싶은 것일까요? 입속에 지렁이를 만들어 놓은 악어거북의 모습이 바로 저인지도 모르겠습니다. 악어거북의 입속에 있는 지렁이가 바로 저의 모습인지도 모르겠습니다. 악어거북의 입속에서 꿈틀거리는 지렁이를 탐하는 물고기가 바로 저의 모습인지도 모르겠습니다.

'영원' 할 수 없는 것에 '영원'을 기대하는 저의 어리석음이 여전히 예수님을 의지하고 있다는 것은 얼마나 다행스러운 일인가요. 고난이 닥치면 "예수님, 예수님" 하고 울부짖다가 고난이 사라지고 나면 예수님을 멀리하는 저는 죄인입니다. 예수님, 저를 불쌍히 여겨 주세요.

분별력을 가르치시는 하나님

"살아 있는 나무가 많은 곳에 버섯이 많다"

정말 그럴까요?

"죽은 나무가 많은 곳에 버섯이 많다"는 말이 맞지 않을까요? 왜냐하면 죽은 나무에서 버섯이 더 많이 자라기 때문입니다. 하지만 살아 있는 나무가 많은 곳에 버섯이 많다는 말도 맞는 말입니다. 왜냐하면 살아 있는 나무가 많은 곳에 죽은 나무도 많기 때문입니다. 단순하게 생각하면 죽은 나무가 많은 곳에 버섯이 많다고만 생각할 가능성이 높습니다.

인간이 가지고 있는 생각의 틀은 생각보다 단순하다고 합니다. 뤼크 드 브라방데르 교수의 견해에 따르면, 어떤 문제나 상황이 주어졌을 때 우리는 그것을 우리가 가지고 있는 '생각의 틀' 속에 넣어 자기 멋대로 단순화시킨다고 합니다.

우리의 생각의 틀이 별 모양이라면, 우리의 뇌 속에 어떠한 상황이 입력되어도 우리는 그것을 별 모양으로 해석할 뿐이라는 것입니다. 생각의 틀이 별 모양이니까 어떠한 상황에 대한 해석도 별 모양으로 나오는 것이겠지요. 마치 붕어빵 틀 속에 넣은 밀가루 반죽이 붕어빵 틀 속에 새겨진 붕어의 모습을 쏙 빼닮은 빵으로 나오는 것과 마찬가지입니다.

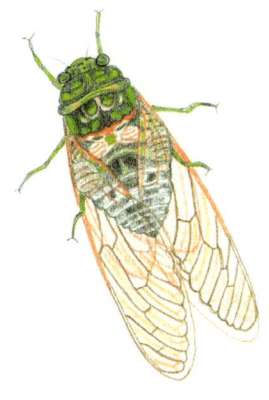

위에 있는 매미는 무슨 매미일까요?

참매미입니다.

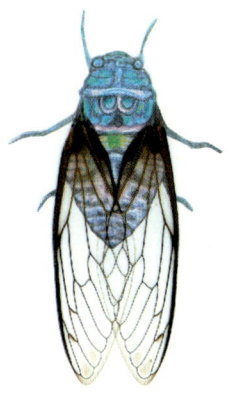

그렇다면 이 매미는 무슨 매미일까요?

말매미입니다.

숲속 나무 위에 매미 한 마리가 앉아 있습니다. 사진과 그림이 합쳐져 있다는 것을 금세 알아보실 수 있을 것 같은데요. 나무 위에 숨죽이고 앉아 있는 매미 한 마리가 보이시는지요? 사진은 실제의 모습을 그대로 담은 것이니 '진짜'라고 하겠습니다. 그림은 '가짜'라고 할 거고요. 숲속을 자세히 보시면 '진짜' 속에 '가짜'를 감추고 있다는 것을 아실 수 있을 것입니다. 무엇이 가짜일까요? 나무와 잎과 배경은 실제 사진이니 '진짜'입니다. 하지만 매미는 한눈에 보아도 그림이라는 것을 찾아낼 수 있습니다. 그러니 매미가 '가짜'네요.

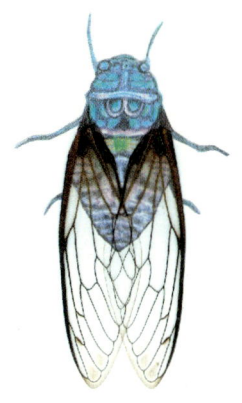

'가짜'인 매미를 사진 밖으로 끌어냈습니다. 그렇다면 위에 있는 매미 그림에서 무엇이 '가짜'일까요?

'가짜'를 찾아냈는데, 또다시 '가짜'를 찾으라는 뜻밖의 질문에 당황하셨을지도 모르겠습니다. '가짜'인 매미를 찾아냈는데, 매미 그림 속에서 다시 '가짜'를 찾으라는 말은 매미 그림 속에 '진짜'가 있다는 뜻이기 때문입니다. 다시 한 번 자세히 살펴보세요. '가짜'를 찾아내셨는지요? 매미의 날개는 그림이 아니라 진짜 날개입니다. 그러니 매미의 날개는 '진짜'입니다. 이 사실을 뒤늦게 알아내셨다 해도 한 번은 여러분이 속으신 것입니다. 저도도 속았을 것입니다.

바로 앞에 있는 그림이 어떻게 완성된 것인지 그 과정을 간단히 설명해 드리겠습니다. 저는 매미의 몸통을 먼저 그려 놓았습니다. 그리고는 죽은 매미를 주우러 앞산으로 갔습니다. 매미 시체 하나를 주워 와 매미 날개 두 개를 찢어지지 않도록 아주 조심스럽게 떼어 냈습니다. 떼어 낸 매미의 날개를 먼저 그려 놓은 매미 몸통에 정교하게 붙인 후 스캔을 받았습니다. 그러니 '가짜'라고 말했던 매미 속에 '진짜'가 있었던 셈이지요. 날개는 '진짜'니까요. 퀴즈는 여기서 끝나지 않으니 여러분께선 아직 긴장을 늦추시면 안 됩니다.

그림에서 보시는 것처럼 잠자리 한 마리가 나뭇가지 위에 앉아 있습니다. 그림을 주의 깊게 바라봐 주시기 바랍니다.

다시 한 가지 질문을 드리겠습니다. 이 그림 속에서 무엇이 '진짜' 일까요? 주의 깊게 살펴보시기 바랍니다. 잠자리의 날개가 '진짜' 일까요? 잠자리의 꼬리가 '진짜' 일까요? 다리나 눈알이 '진짜' 일까요? 딱 보아도 나뭇가지는 '가짜' 처럼 보이지 않나요? 다시 한 번 주의 깊게 보시기 바랍니다. 무엇이 '진짜' 일까요?

'진짜'를 찾으셨는지요? 아무리 주의 깊게 살펴보아도 이 그림 속에 '진짜'는 없습니다. 모두 그림이기 때문입니다. 그렇다면 우리는 잠자리 그림을 보고서 어째서 '진짜'를 찾으려고 고민했던 것일까요?

이유는 간단합니다. 그것은 조금 전에 매미 그림이 우리 안에 만들어 놓은 '생각의 틀' 때문입니다. 매미 그림 속엔 '진짜'가 있었기 때문에 잠자리 그림 속에서도 우리는 '진짜'를 찾으려고 시도했던 것입니다. '생각의 틀'은 이토록 우리를 단순화시킵니다. 이처럼 우리는 바로 직전에 있었던 일의 영향을 받을 수밖에 없습니다. 어쩌면 그것은 '인간'이란 틀이 가질 수밖에 없는 한계인지도 모릅니다.

단순함이 좋을 때도 있지만 단순한 해석이 우리를 혼란스럽게 할 때도 많고, 단순한 생각으로 이런저런 낭패를 겪어야 할 때도 많습니다. 우리가 생각하는 것만큼 우리의 삶이 단순하지 않기 때문입니다. 그러므로 분별력을 가지려면 때때로 우리 안에 있는 '생각의 틀'을 부수어야만 합니다. '생각의 틀'이 되어 버린 '고정관념'과 '편견'을 때때로 버릴 수 있어야 우리가 알지 못했던 새로운 세계를 받아들일 수 있다는 것입니다.

"너희는 이 세대를 본받지 말고 오직 마음을 새롭게 함으로 변화를 받아 하나님의 선하시고 기뻐하시고 온전하신 뜻이 무엇인지 분별하도록 하라"(롬 12:2).

우리는 올바른 분별력을 가지고 있는 것일까요? 상황에 맞는 마땅한 말을 하고, 상황에 맞는 마땅한 판단을 하며, 상황에 맞는 마땅한 행동을 하며 살아가고 있을까요? 어쩌면 우리의 분별력은 위태로운 것일지도 모릅니다. 인간은 연약하기에 상황에 휘청거릴 수밖에 없을 때가 많습니다. 살다 보면 정말로 "그럴 수밖에 없었다"고 말해야 할 때가 있는 것 같습니다.

어떤 것에 대한 지나친 자신감을 가진 사람을 보셨는지요? '지나친 자신감'은 '열등감'과 맞닿아 있는 경우가 많다고 합니다. 만일 어떤 것에 대한 지나친 자신감을 가진 사람이 있다면 그는 그것에 대한 열등감을 가지고 있는 사람일 가능성이 높다는 것입니다. 우리는 이와 같이 눈에 보이는 것만으로 어떤 것의 속성을 제대로 알아낼 수 없습니다. 오히려 그것의 속성을 반대로 해석할 위험도 높습니다. 인간의 감각과 인식은 대체로 믿을 만하지만 여전히 한계를 지니고 있는 것 같습니다. 인간은 논리적인 것 같지만 인간의 논리 속엔 수많은 함정이 숨어 있음을 우리는 잘 알고 있습니다.

그러나 말싸움에서 이기고 싶어 하는 사람들은 무엇이든 설명하려 하고, 무엇이든 설명 들으려 합니다. 인간의 삶 속엔 어떠한 말로도 설명될 수 없는 것이 있다는 것을 외면한 채 말입니다. 하물며 신의 세계를 논리로 이해하려고 합니다. 신앙은 정서적 공감으로부터 출발해야 하는 것인데 말입니다.

"말할 수 없는 것들에 대해선 차라리 침묵해야 한다."

철학자 비트겐슈타인의 말입니다. 말할 수 없는 것에 대한 구체적인 대상으로 비트겐슈타인은 '종교'와 '인간의 내면'과 '윤리'를 지목했습니다. 그의 말에 전적으로 동의하는 것은 아닙니다. 공감이 가는 부분이 많다는 것이지요.

누군가로부터 "너는 너의 성격을 고쳐야 돼"라는 충고를 들어 보신 적이 있는지요. 누군가로부터 "너의 말과 행동을 고쳐야 돼. 너의 말과 행동은 비윤리적이니까"라는 충고를 들어 보신 적이 있는지요. 누군가로부터 "예수가 밥을 먹여 주니, 차를 사 주니?"라는 말을 들어 보신 적이 있는지요. 무어라 답변하셨는지요?

인간은 옳고 그름에 대한 이성적 판단을 내릴 수 있을까요? 평상시엔 이성이 작동하지만, 작은 위태로움에도 이성 따위는 헌신짝처럼 버릴 수 있는 게 대부분의 인간입니다. 여럿이 함께 있을 땐 이성이 작동하지만 혼자 있을 땐 이성보다 욕망이 앞서는 게 대부분의 인간이기도 합니다. 자신에게 유익을 주면 옳고, 자신에게 불이익을 주면 그르다고 말하는 것이 보통의 인간이고, 자신을 칭찬하면 좋은 사람이고 자신을 비판하면 나쁜 사람이라고 생각하는 것이 보통의 인간입니다.

손익에 따라 휘청거릴 수밖에 없는 인간을 이성적이라고 확신할 수 있겠습니까? 생사를 다투는 전쟁 앞에 서면 선악의 기준마저 모조리 버릴 수 있는 게 대부분의 인간이라고 합니다. 이러한 인간을 이성적이라고 말할 수 있겠습니까?

분별력은 고정관념이나 편견이 없는 균형 잡힌 생각으로부터 나올 것입니다. 우리의 생각은 얼마든지 틀릴 수 있지 않나요? "자동차 충돌 사고 시에 사망률이 가장 높은 좌석은 어느 좌석일까요?"라는 질문을 받으신다면 여러분은 어떤 좌석이라고 말씀하시겠습니까? 운전석이라고 말씀하실지도 모릅니다. 아니면 조수석이라고 말씀하실 수도 있고요.

일반적인 생각과는 달리 자동차에서 사망률이 가장 높은 자리는 운전석도 아니고 조수석도 아니었습니다. 자동차 사고 시 사망률이 가장 높은 좌석은 뒷좌석이었습니다. 이유는 간단합니다. 뒷좌석에 앉은 사람들은 대부분 안전띠를 하고 있지 않기 때문에 충돌 사고 시 사망률이 가장 높은 것이었습니다. 아이러니한 것은 가족 여행을 할 때 거의 모든 사람이 어린 자녀들을 가장 안전한(?) 뒷좌석에 앉힌다는 것입니다. 안전띠를 하지 않아도 가장 안전한 곳이 뒷좌석이라고 착각하고 있는 것이지요. 멍청한 저도 그랬습니다.

우리의 삶 속엔 이처럼 우리가 잘못 생각하고 있는 것들이 비일비재합니다. 진정으로 몰랐거나, 알고도 모르는 척 지나쳤던 것들이 허다합니다. 하지만 시간은 무심히 사라지는 게 아니라 시간 속에 고스란히 축적됩니다. 우리는 우리가 분별력 없이 함부로 건넌 시간의 대가를 반드시 받게 됩니다. 반대로 우리가 분별력 있게 보살핀 시간의 대가도 받을 수 있겠지요. 우리의 생각이 틀릴 수도 있다고 인정할 때 우리는 비로소 이전에 알지 못했던 것을 알게 될 것입니다. 우리의 생각이 틀릴 수도 있다고 인정할 때 우리는 비로소 악마가 파 놓은 함정도 피해 갈 수 있을 것입니다.

하지만 '고정관념의 틀' 과 '편견의 틀' 을 버리는 것은 쉽지 않을 것입니다. 그것들 대부분이 어린 시절에 형성되었거나 오랜 시간 동안 형성된 것이기 때문에 더욱 버리기 어려운 것이겠지요. 신체적 습관이든, 감정의 습관이든, 어린 시절에 각인된 것이나 오랜 세월 동안 굳어진 것이라면 그것은 쉽게 버려지지 않는다고 합니다.

하지만 어린 시절에 각인된 '고정관념의 틀'과 '편견의 틀'을 벗어 버리지 못한다면 우리의 생각은 끝끝내 어린 시절을 살아가야 할지도 모릅니다. 청년 시절에 각인된 '고정관념의 틀'과 '편견의 틀'을 벗어 버리지 못한다면 우리의 생각은 끝끝내 청년 시절을 살아가야 할지도 모릅니다. 그러한 이유로, 내게 익숙한 것을 버리고 때로는 낯선 곳을 향해 용감히 걸어가는 것은 의미 있는 일이라 말할 수 있겠습니다.

하나님을 믿는다는 것은 어쩌면 내게 익숙한 것을 버리고 낯선 곳을 향해 용감히 걸어가는 것인지도 모릅니다. 그것은 우리에게 '인간의 탁월함'은 무엇으로 결정되고, 어디로부터 오는지, 그것을 분명히 알려 줄 것입니다. 우리가 원하는 것을 가질 수 있는, 하나님의 지혜를 들려줄 것입니다.

어린 고릴라처럼

앞 장에서 말씀드린 이야기와 같은 맥락의 다른 이야기 하나를 들려 드리겠습니다.

아프리카 콩고의 밀림 속엔 고릴라들이 살고 있습니다. 콩고의 밀림은 고릴라들이 살아가는 지상의 마지막 서식지라고 말하는 사람들도 있습니다. 사람들이 함부로 포획한 탓에 고릴라는 멸종 위기종으로 지정되었고, 고릴라 개체 수도 과거와는 비교되지 않을 만큼 급속도로 줄었다고 합니다. 고릴라 감시단이 사냥꾼들을 감시하지 않았다면 고릴라는 이미 멸종되었을 것이라고 합니다.

콩고의 밀림 속엔 어미 잃은 어린 고릴라들이 살고 있습니다. 어린 고릴라들은 사냥꾼들 총에 어미를 잃은 것입니다. 콩고 정부에서 밀림으로 파견한 고릴라 보호단이 어린 새끼들을 돌보았습니다. 그들은 자신들의 거처에서 그리 멀지 않은 밀림 속에 어린 고릴라들이 살 수 있는 집을 만들어 주었습니다. 어린 고릴라들이 사는 집은 나무로 만들어진 제법 견고한 집이었습니다.

어린 고릴라들은 한낮엔 집 밖으로 나와 비교적 자유롭게 밀림 생활을 합니다. 낮이고 밤이고 집 안에만 갇혀 사람들이 주는 먹이만 받아먹으면 어린 고릴라들은 야생성을 잃어버리고 말 것입니다. 밀림에 어둠이 내리면 고릴라 보호단에 의해 어린 고릴라들은 다시 집 속으로 들여보내집니다. 야간에 먹이 활동을 하는 맹수들과 고릴라 사냥꾼들로부터 어린 고릴라들을 지켜야 하기 때문입니다.

고릴라 보호단이 어린 고릴라를 돌보는 일은 몹시 고생스럽게 보였습니다. 어둠이 내릴 무렵이면 어린 고릴라의 몸에 부착한 추적기를 이용해 밀림 속에 흩어져 있는 어린 고릴라를 일일이 찾아내야 하기 때문입니다.

여러분께 한 가지 질문을 드리겠습니다. 고릴라 보호단은 밤마다 어린 고릴라를 집으로 들여보내는 일을 언제까지 해야 할까요? 혼자 힘으로 먹이 활동을 충분히 할 수 있을 때까지일까요? 아니면 혼자만의 힘으로 자신을 지킬 수 있는 나이가 될 때까지일까요? 둘 다 맞습니다. 그렇다면 어린 고릴라들이 그러한 능력을 가질 때까지 몇 년을 기다려 주어야 할까요? 1년일까요? 아니면 2년이나 3년일까요? 그것도 아니면 그보다 긴 시간일까요?

고릴라 보호단은 햇수를 헤아리며 그 시간을 기다리지 않았습니다. 그들의 결정은 생각보다 간단했습니다. 어린 고릴라들이 자신의 집을 부수고 나오는 날부터입니다. 나무로 만들어진 집이니 부수는 것이 가능했겠지요. 어린 고릴라들이 자신을 보호해 준 집을 부수고 나올 정도면 혼자 힘으로 자신의 밤을 지킬 수 있을 거라고 믿는 것입니다. 밀림의 밤이 오면 푸른 눈을 빛내며 소리 없이 다가와 자신들의 집 밖을 서성이며 침을 흘렸을 맹수들의 섬뜩한 눈빛을 어린 고릴라들은 분명히 기억하고 있을 텐데, 그럼에도 불구하고 집을 부수고 나왔으니 어린 고릴라들의 결정을 믿어 주는 것 같습니다.

어린 고릴라는 자신의 생명을 지켜 주었던 집을 마침내 부수고 나왔습니다. 그 순간부터 어린 고릴라는 더 이상 어린 고릴라가 아닙니다. 자신을 지켜 주었던 집을 용감하게 부수고 밀림 밖으로 나왔으니 어린 고릴라가 아닌 것이지요. 하나님을 믿는다는 것은 어쩌면 내 안에 가득한 '자아'를 부수고 하나님의 땅을 향해 용감히 걸어가는 것인지도 모릅니다.

어린 고릴라가 자신을 지켜 준 집을 용감하게 부수고 나온 것처럼, 우리도 우리의 어린 시절을 지키기 위해 혹은 청년 시절이나 현재를 지키기 위해 우리 스스로 만들어 놓은 갖가지 고정관념과 편견의 틀을 때로는 용감하게 부수고 나와야 합니다. 앞에서 말씀드린 것처럼 때로는 내게 익숙한 생각을 버리고 낯선 생각을 받아들일 수 있어야 합니다. 새로운 인식은 바로 그곳으로부터 출발하기 때문입니다. 내가 알지 못했던 하나님의 세계는 바로 그곳으로부터 출발하기 때문입니다.

아주 가끔씩이라도, 아주 중요한 순간만이라도 '생각의 틀'을 버릴 수 있어야겠지만 쉽지 않을 것입니다. 그러나 자신이 '생각의 틀' 속에 갇혀 있을지도 모른다는 생각을 가진 사람은 다른 사람의 말에 한 번이라도 더 귀를 기울입니다. 다른 세계는 그런 방식으로 내 안에 들어오는 것인지도 모릅니다.

하나님 믿으면 기쁜 일만 생기나요?

"하나님 믿으면 기쁜 일만 생기나요?"

몇 년 전 누군가로부터 받은 질문입니다. 하나님을 믿으면 반드시 기쁜 일만 생긴다고 말씀드릴 수는 없을 것 같습니다. 하지만 하나님을 믿으면 내가 당한 슬픔을 이전과는 분명히 다른 방식으로 받아들일 수 있다고 말씀드릴 수는 있습니다. 똑같은 상황의 슬픔을 당했다 해도 올바른 신앙을 가진 사람은 더 빨리 회복될 수 있습니다. 슬픔을 치유할 수 있는 생(生)의 의미를 발견할 수 있기 때문입니다. 하나님의 마음으로 바라보면, 슬픔을 통해 이전과는 분명히 다른 의미를 깨달을 수 있습니다. 슬픔을 바라보는 내 '생각의 틀'

을 하나님이 바꾸어 놓으시기 때문입니다.

"하나님 믿으면 부자 될 수 있냐?"

얼마 전 친한 친구로부터 받은 질문입니다. 하나님을 믿으면 반드시 물질의 복을 받는다고 말씀드릴 수도 없을 것 같습니다. 하지만 하나님을 만나면 이전에 볼 수 없었던 것들이 보일 거라고 말씀드릴 수는 있습니다. 높은 산에 오르면 더 넓은 풍경을 볼 수 있고 더 먼 곳까지 볼 수 있는 것과 같은 이치일 것입니다. 캄캄한 밤, 불빛이 환한 곳에서 더 많은 것들이 보이는 것과 같은 이치일 것입니다.

올바른 신앙을 가진 사람은 그가 어느 곳에서 어떤 일을 하든, '자신을 경영하는 방식'이 달라질 것이며, '사람을 바라보는 방식'도 달라질 것이고, '상황을 해석하는 방식'도 달라질 것입니다. '자신을 경영하는 방식'과 '사람을 바라보는 방식'과 '상황을 해석하는 방식'에 관한 '생각의 틀'을 하나님이 바꾸어 놓으시기 때문입니다.

'자신을 경영하는 방식'과 '사람을 바라보는 방식'과 '상황을 해석하는 방식'은 단지 정신적 습관이나 감정의 습관을 의미하는 것이 아닙니다. '자신을 경영하는 방식'과 '사람을 바라보는 방식'과 '상황을 해석하는 방식'은 단지 정신적 행복만을 결정하는 것이 아니라 물질적 행복을 결정하는 아주 중요한 것이기도 합니다. 자신을 분별력 있게 경영하는 사람과 사람을 분별력 있게 대하는 사람, 그리고 상황을 분별력 있게 해석하는 사람은 어느 곳에서 무슨 일을 하든 다른 사람들로부터 인정받을 수 있기 때문입니다.

그러니 하나님 잘 믿으면 정신적 축복뿐 아니라 물질적 축복도 얻을 수 있다고, 저는 확신을 가지고 저의 딸들에게 말합니다. 이것은 착하게 살면 복 받는다는 말과는 명백히 다른 말이라고 생각합니다.

물론 하나님을 믿는 사람들 중엔 가난한 사람들도 많습니다. 그들 대부분은 특별한 일이 없다년 부사가 될 것 같지도 않은 사람들입니다. 하지만 그들이 불행할 거라고 누구도 속단할 수 없습니다. 그들 중 많은 사람들은 작은 것에도 감사할 줄 아는 사람들이기 때문입니다. 그들 중 많은 사람들은 가난이 가르쳐 준 겸손을 간직하고 있는 사람들이기 때문입니다.

많이 배웠다는 확신과 많이 가졌다는 확신과 많이 알고 있다는 확신은 얼마나 위태로운 것입니까. 가난과 질병과 삶의 고통이 없다면 인간은 무엇으로 낮아질 수 있겠습니까.

사랑하는 사람들보다
하나님을 더 사랑해야 하는 이유

어느 주일 예배 시간 목사님은, 내가 사랑하는 사람들보다 하나님을 더 사랑해야 한다고 말씀하셨습니다. 저는 목사님의 말씀을 쉽게 이해할 수 없었습니다. 목사님의 말씀은 해답 없는 질문처럼 제 가슴속에 남아 있었습니다. 내가 사랑하는 사람들보다 하나님을 더 사랑할 수 있을까, 정말로 그럴 수 있을까, 하는 의문이 들었기 때문입니다.

어느 날, C. S. 루이스의 책을 읽었습니다. 내가 사랑하는 사람들보다 하나님을 더 사랑할 때, 비로소 내가 사랑하는 사람들을 더욱더 사랑할 수 있게 된다는, C. S. 루이스의 글을 읽었을 때도, 정말로 그럴까, 하는 생각이 들었습니다. 인간을 넘지 못하는 저의 한계 때문이겠지만 어쩌면 그것이 인간일지도 모른다고 저는 생각했습니다.

그 후 어느 날, 아내와 다투며 아내의 잘못을 지적한 적이 있습니다. 곰곰이 생각해 보면, 누가 보느냐에 따라 잘잘못에 대한 해석이 달라질 수도 있는 일이었습니다. 또 다른 날은 아버지의 권위를 앞세워 큰딸아이를 억누른 적도 있습니다. 그러나 마음을 돌이켜 아내와 딸아이에게 잘못을 고백할 수 있었던 것은 제 마음 깊은 곳에 하나님이 계셨기 때문입니다. 하나님이 계시지 않았다면 저는 저의 허물을 알지 못했고, 저의 잘못을 고백하지 못했을 것입니다. 제 마음 깊은 곳에 하나님이 계셨기에 저는 저의 잘못을 고백할 수 있었고, 잘못을 고백하면서 가족들과의 사랑은 더욱 깊어졌습니다. 반성은 과거를 돌아보는 것이 아니라 미래를 다짐하는 것이었습니다.

그런 일을 겪고 나서야 저는, 사랑하는 사람들보다 하나님을 더 사랑해야 한다는 목사님의 말씀이 이해됐습니다. 저의 막다른 골목까지 가 보고 나서야 저는 비로소, 사랑하는 사람들보다 하나님을 더 사랑할 때 사랑하는 사람들을 더 사랑할 수 있게 된다는 C. S. 루이스의 생각을 이해할 수 있게 됐습니다.

그러나 수없는 다짐에도 불구하고 저는, 제가 사랑하는 사람들보다 주님을 더 사랑하지 못하는 것 같습니다. 하지만 그래야만 한다는 것을 알기에, 꼭 그렇게 될 수 있다고 믿기에 겸손히 기도하며 주님께로 나아갈 수 있었습니다. 믿고 구하면 주님이 주실 테니까요.

마음의 평화를 얻고 싶을 때마다 기도하는 마음으로 신앙 서적을 읽었습니다. 신앙 서적을 읽으면 마음이 한결 차분해졌습니다. 그 중 C. S. 루이스의 책 〈당신의 벗 루이스〉를 통해 저는 많은 위로를 받았습니다. 다음과 같은 글이 특히 그러했습니다.

"부모의 도리는 자녀의 운명을 결정하는 섭리를 대신하려 들지 않고 애정과 정의와 진실성과 유머라는 평범한 원리에 따라 자녀를 교육하는 것이며, 대체로 교육받지 못한 부모들이 이러한 부모의 도리를 더 잘 지키고 있다."는 C. S. 루이스의 말을 생각하며 저는 눈물을 글썽이기도 했습니다.

대체로 많이 배운 부모일수록, 그리고 지식이 많다고 생각하는 부모일수록, 자신의 틀에 맞춰 자녀를 일방적으로 교육할 테니 문제가 생기는 것이겠지요. "부모라서 말하는 거야. 부모만큼 자식을 사랑하는 사람은 없어. 그러니까 내 말을 믿고 따르면 돼"라고 자녀들에게 말하며 그들은 자녀의 운명을 직접 결정하려고 합니다. 한때 저의 모습도 그랬습니다.

"우리가 할 수 있는 일은 사랑과 정의와 상식의 명확한 규칙에 따라 살면서 섭리 문제는 하나님께 온전히 맡겨야 한다."는 C. S. 루이스의 말은 저의 철없는 신앙을 되돌아볼 수 있게 해 주었습니다. 하나님의 섭리를 제 마음대로 해석했던 적이 많았습니다. 도무지 이해할 수도 없고, 받아들일 수도 없는 상황을 바라보며 하나님의 능력을 마음속으로 의심했던 적도 여러 번 있었습니다. 인간의 논리로, 연약한 인간의 논리로 하나님의 섭리를 해석하려 했기에 저는 그토록 어리석었던 것입니다.

우리가 느끼기에 최고의 기도였던 것이 어쩌면 최악의 기도였을지도 모른다는, C. S. 루이스의 말을 통해 저는 기도와 응답에 대한 새로운 깨달음을 얻기도 했습니다. 냉정히 돌이켜 생각해 보면 제가 그토록 갖기를 원했던 것들 중엔 차라리 갖지 못한 것이 제게 더 유익했음을 뒤늦게 알게 된 것도 여럿 있습니다. 저는 최고의 기도라고 생각하며 최악의 기도를 드렸던 셈입니다. 제가 바랐던 것을 모두 가졌다면 저는 틀림없이 하나님으로부터 더 멀어졌을 것입니다. 제가 좋은 세상은 어느 순간 등을 돌리고 제게 서늘한 얼굴을 보여 주었을 것입니다. 언제나 그랬던 것처럼 말입니다.

우리가 가장 두려워하는 것은 '오직 하나님만을 의지할 수밖에 없는' 상태라고, 의지할 것이 하나라도 남아 있는 한 우리는 결코 하나님을 의지하지 않는다고, C. S. 루이스는 말했습니다. 저의 알몸을 보는 것 같아 부끄러웠습니다. 주님.

주님, 저를 불쌍히 여겨 주세요

제가 한 번도 아니고 두 번씩이나 치명적인 고통을 당한 것은 제 생각에 대한 확신 때문이었습니다. 더 나은 선택이 어떤 것인지에 대한 분별력이 제겐 없었던 것입니다. 또한 극한의 과로가 저를 쓰러뜨릴 수 있다는 것을 알면서도 극한까지 저를 몰고 갔기 때문입니다.

이 책의 앞부분에서도 말씀드렸지만, 제가 쓰러질 줄 알면서도 극한까지 저를 몰고 갔던 것은 어린 시절 부모님의 부부 싸움이 제 가슴속에 만들어 놓은 괴물(강박증) 때문이었습니다. 지쳐서 쓰러질 때까지 일을 하는 것, 지쳐 쓰러질 줄 알면서도 일을 끝내지 않으면 불안한 마음이 들어 끝까지 일을 하는 것, 그것이 괴물(강박증)이 아니고 무엇이겠습니까.

만일 저의 부모님이 신앙을 가졌더라면 어떠했을까 생각해 본 적이 있습니다. 신앙이 있었다 해도 저의 부모님은 싸웠을 것입니다. 신앙을 가진 사람도 싸울 수 있으니까요. 그러나 저의 부모님이 신앙을 가졌다면 어린 자식들 앞에서 허구한 날 살림을 부수며 그토록 폭력적으로 싸우진 않았을 거라고 저는 확신합니다. 그들 마음속에 계신 예수님이 그들을 설득했을 테니까요. 그들 마음속에 계신 예수님이 그들의 모습을 스스로 돌아보게 했을 테니까요. 그들 마음속에 계신 예수님이 그들의 뺨 위로 먼저 흘러내리셨을 테니까요.

제가 어린 시절부터 신앙생활을 했다면 저는 여러 해 동안 그토록 캄캄한 시간을 보내지 않았을 것입니다. 제가 살아가면서 무엇을 해야 하고, 무엇을 하지 말아야 하는지, 제 마음속에 계신 예수님이 제게 분명히 말씀해 주셨을 것입니다. 제가 무엇을 위해 살아야 하고, 어떻게 살아야 하는지 예수님이 제게 아주 또렷한 목소리로 말씀해 주셨을 것입니다. 성경 속 말씀이 예수님의 말씀이 아니고 무엇이겠습니까.

제가 어린 시절부터 신앙생활을 통해 예수님 말씀을 들었다 해도, 저는 예수님이 말씀해 주신 대로만 살지 않았을 것입니다. 저는 세상의 유혹에 흔들릴 수밖에 없는 연약한 인간이기 때문입니다.

그러나 제가 어린 시절부터 신앙생활을 했다면 저는 틀림없이 지금보다 더 건강하고, 지금보다 더 사려 깊으며, 지금보다 더 행복하고, 지금보다 더 나은 사람이 되었을 것입니다. 올바른 신앙은 '절제'와 '헌신'이 무엇인지, '진실'과 '정의'가 무엇인지, '배려'와 '공감'이 무엇인지를 제게 알려 주었을 테니까요. 올바른 신앙은 '인간의 탁월함'이 무엇으로 결정되고, 어디로부터 오는지, 그것을 제게 분명히 알려 주었을 테니까요.

물론 이것은 저에 대한 회한일 뿐입니다. 신앙이 없다고 해서 이와 같은 좋은 점들을 가질 수 없다고 말씀드리는 것은 결코 아닙니다.

앞에서 말씀드렸던 것처럼 하나님 밖에서 하나님 안으로 들어가는 것보다, 하나님 안에서 하나님 안으로 들어가는 것이 제겐 훨씬 더 어려웠습니다. 하나님을 믿는 것보다 하나님을 제대로 믿는 것이 훨씬 더 어려웠다는 의미입니다. 올바른 신앙을 갖는다는 것이 지금도 제겐 참으로 어렵기만 합니다. 하지만 주일 예배 시간 담임목사님의 말씀을 저는 기억하고 있습니다.

"하나님은 우리에게 말씀하십니다. 그렇게 쓰러지고 쓰러지면서 내게로 오는 거라고, 쓰러져도 괜찮다고, 나만 잊지 않으면 된다고 말입니다."

목사님의 이 말씀을 기억하며 절망하지 않고 주님을 향해 걸어가겠습니다. 주님, 저를 불쌍히 여겨 주세요.

기도한 대로 이루어지지 않아도
기도를 포기하지 않는 것,
그것이 믿음이라고 배웠습니다

제가 살고 있는 방은 북한산과 맞닿아 있습니다. 손만 뻗으면 느티나무 가지가 닿는 곳입니다. 바람에 수런거리는 느티나무 소리는 아름다웠습니다. 가까이 있는 스트로브잣나무에 잣이 몇 개 열리면 청설모와 다람쥐가 놀러와 새벽부터 소란을 피웠습니다. 곤줄박이 한 마리가 창문으로 날아와 머리를 부딪치기도 하고, 햇볕 좋은 창가에 이불을 널어놓으면 칠성무당벌레들이 날아와 주홍빛 꽃무늬를 점점이 수놓기도 했습니다. 봄이면 딱따구리들이 날아와 온종일 나무를 쪼아 댔습니다. 주님이 만드신 아름다운 자연 속에서 저는 세상일로 번잡해진 마음을 씻어 낼 수 있었습니다.

산이 가까운 탓에 제 방에는 붉은 개미들도 많았습니다. 아내가 제 방으로 들어와 손가락으로 개미를 꾹꾹 누르면, 그러지 말라고, 아내를 말렸습니다. 먹고살겠다고 먹이를 찾아 고물거리는 개미들이 가엾다는 생각이 들었습니다. 제 방에 떨어져 있는 과자 부스러기를 부지런히 물어 나르는 개미를 바라보며, 삶의 엄숙함을 생각한 적도 있었습니다.

시간이 지날수록 붉은 개미는 점점 많아졌습니다. 어떤 날은 개미가 제 다리 위를 걸어 다녔고, 어떤 날은 팔뚝 위를 걸어 다녔습니다. 방에 누우면 제 목을 타고 올라오는 개미도 있었습니다. 개미가 머지않아 제 귓구멍 속으로 들어올 것 같았습니다. 어쩌면 제가 잠든 사이 제 귓구멍 속을 들락거렸던 개미가 있었는지도 모릅니다. 개미들은 동굴을 좋아하니까요.

뭔가 대책이 필요할 것 같았지만 대책도 없었습니다. 어느 날 개미 없애는 약을 아내가 사 왔습니다만 아내를 설득해 개미 약을 서랍장에 넣어 두었습니다. 개미 때문에 죽었다는 사람은 못 봤으니 좀 더 참아 볼 생각이었습니다. 그런데 문제가 생겼습니다. 아토피가 있는 제 작은 딸아이를 개미들이 공격하기 시작했습니다. 딸아이의 여린 살갗이 불긋불긋했습니다.

특단의 조치를 내려야 했습니다. 서랍장에 넣어 두었던 개미 약을 꺼냈습니다. 개미 약에서 비릿한 오징어 냄새가 났습니다. 개미 약은 아주 작은 알갱이로 만들어졌는데, 개미가 입에 물고 가기 딱 좋은 크기였습니다. 먹이를 위장한 죽음의 알갱이였습니다.

종이 위에 동전 크기만큼 개미 약을 쏟아 놓았습니다. 얼마 지나지 않아 방 안이 난리가 났습니다. 그렇게 많은 개미들이 저와 함께 살고 있었는지 상상도 못했습니다. 수백 마리의 개미들이 두 줄로 무리를 지어 방바닥에서 천장까지 일사분란하게 움직이고 있었습니다. 한 줄은 먹이를 물고 개미집을 향해 걸어가고 있었고, 다른 한 줄은 개미집에서 먹이를 향해 걸어가고 있었습니다. 개미들은 이틀 동안 부지런히 죽음을 날랐습니다.

삼 일째 되는 날부터 방바닥 여기저기에 개미 시체가 널브러지기 시작했습니다. 나흘째 되는 날이었습니다. 여왕개미로 보이는 날개 달린 개미 몇 마리가 제법 커다란 몸을 뒤뚱거리며 간신히 방 안을 기어 다녔습니다. 그날 이후 단 한 마리의 개미도 보이지 않았습니다.

개미들에게 미안한 마음이 들었지만 어쩔 수 없었습니다. 함께 살아갈 수 없는 사람이 있는 것처럼 함께 살아갈 수 없는 곤충도 있으니까요. 한편으론 개미가 어리석다는 생각도 들었습니다. 맛있는 먹인 줄 알고 독약을 물고 갔으니까요. 평소에는 네다섯 마리씩 보이던 개미들이 총출동해서, 이게 웬 떡이냐 춤을 추며 이틀 동안 독약을 물어 날랐으니까요. 개미도 인간처럼 욕심이 많은 것 같았습니다. 먹을 것을 쌓아 두고도 먹을 것을 걱정하는 인간과 비슷하다는 생각이 들었습니다.

붉은 개미의 눈에는 '덫' 이 '빛' 으로 보였던 것입니다. 개미의 모습을 통해 저는 저를 돌아볼 수 있었습니다. 저도 빛인 줄 알고 개미처럼 덫을 물어 날랐던 적이 있었습니다. 덫을 놓는 세상도 문제였지만 빛을 탐한 제가 더 문제였습니다.

악마의 얼굴은 흉측한 줄 알았는데, 악마는 생각보다 아름다운 얼굴을 가지고 있었습니다. 악마는 언제나 빛의 모습으로 제게 다가왔습니다. 어떤 날은 포도주의 향기로 다가왔고, 어떤 날은 아름다운 여인의 모습으로 다가왔습니다. 어떤 날은 분에 넘치는 멋진 승용차나 멋진 집으로 다가왔고, 어떤 날은 사람들의 박수 소리로 다가왔습니다. 이성과 상식과 논리를 갖춘 멋진 악마도 있었고, 더없이 인간적인 모습으로 다가온 악마도 있었습니다. 악마에게 지지 않았다는 저의 확신 또한 악마였습니다.

저의 중심에 하나님이 계시다는 지나친 확신은 빨간색 편지지에 쓴 빨간색 색연필처럼 저의 눈과 마음을 가릴 때가 많았습니다. 하나님께로 가는 길가엔 왜 이렇게 장애물들이 많은지요.

어느 날 헨리 나우웬의 〈영적 발돋움〉을 읽다가 별똥별의 섬광처럼 제 마음을 가로지르는 대목을 만났습니다.

〈영적 발돋움〉을 통해 얻은 헨리 나우웬의 통찰을 종이에 적어 눈에 잘 띄는 곳에 붙여 두었습니다. 헨리 나우웬은 하나님께 갈 수 있는 세 가지 방법을 제시했는데 그것이 저에겐 악마를 이길 수 있는 방법으로 다가왔습니다. 그가 제시한 세 가지 통찰의 첫 번째는 하나님 말씀을 묵상하는 것이었습니다. 두 번째는 하나님의 음성을 듣기 위해 조용한 시간을 갖는 것이었습니다. 세 번째는 신뢰하는 마음으로 영적인 인도자에게 순종하는 것이었습니다. 그것을 통하지 않고서는 하나님께로 가는 우리 자신의 길을 찾는 것이 불가능하다고 그는 말했습니다.

헨리 나우웬이 제시한 세 가지 방법은, 성경 말씀을 묵상하지 않고서는 하나님께로 갈 수 없다는 것이었습니다. 인간의 내면 깊은 곳으로부터 들려오는 하나님의 세심한 음성을 들을 수 있는 조용한 시간을 갖지 않고서는 하나님께로 갈 수 없다는 것이었습니다. 신뢰하는 마음으로 영적인 인도자에게 순종하지 않고서는 하나님께로 갈 수 없다는 것이었습니다. 하나님께로 갈 수 있는 이 세 가지 방법은 악마를 이길 수 있는 분명한 방법이기도 할 것입니다.

저는 헨리 나우웬을 통해 큰 깨달음을 얻을 수 있었습니다. 그가 제시한 세 가지 방법을 잘 지키고 싶었습니다. 문제는 깨달음의 실천이었습니다. 주님의 말씀을 따라 산다는 것이 제겐 쉽지 않았기 때문입니다. 그러나 저는 그것에 대한 기도를 포기하지 않았습니다. 기도한 대로 이루어지지 않아노 기도를 포기히지 않는 것, 그것이 믿음이라고, 목사님으로부터 배웠기 때문입니다.

오렌지를 그릴 것인가, 오렌지의 향기를 그릴 것인가?

이 그림은 무엇을 그린 걸까요? 바다 한 가운데서 바라본 항구의 불빛들을 그린 걸까요? 멀고 먼 수평선까지 나아가 오징어를 잡는 오징어 배를 그린 걸까요? 아니면 먼 옛날 민중을 착취했던 탐관오리의 곡간을 부수러 가는 성난 민중들의 손에 들려 있는 횃불을 그린 걸까요? 어쩌면 붉은 꽃이 핀 화사한 들판을 가로지르는 밤기차를 그린 것인지도 모릅니다. 어두운 들판을 걸어가는 병아리들의 행진을 그린 거라고 말하는 어린아이가 있을지도 모르겠네요. 밤하늘 '별들의 노래'를 그린 거라고 해도 이상할 것 없습니다. 일직선으로 놓여 있는 크고 작은 여러 개의 별빛이 마치 별들의 음표처럼 보이기도 하니까요.

만일에 이 그림을 '기차'나 '오징어 배'나 '횃불'이나 '병아리들의 행진'으로 보았다면 이 그림은 실제 모습을 그린 것이니 구상화(具象畵)입니다. 만일에 이 그림을 '별들의 노래'로 보았다면 이 그림은 추상화(抽象畵)입니다. 일정한 형태가 없어서 눈에 보이지도 않고 귀로도 들을 수도 없는 '별들의 노래'를 눈에 보이는 그림으로 표현했으니 추상화(抽象畵)인 것이지요. 코끼리의 모습을 그대로 그리면 구상화이고, 코끼리의 울음소리를 그리면 추상화입니다.

만일에 누군가가 '오렌지'를 그리겠다고 말한다면 우리는 그 의미를 쉽게 알 수 있습니다. 하지만 누군가가 '오렌지의 향기'를 그리겠다고 말한다면 우리는 잠시 고개를 갸웃거릴 지도 모릅니다. 오렌지는 눈으로 볼 수 있는 것이고 일정한 형태를 갖추고 있으니 오렌지를 그대로 그린 그림은 구상화(具象畵)입니다. 그러나 오렌지의 향기는 눈에 보이는 것도 아니고 일정한 형태도 없으니 오렌지의 향기를 그린 그림은 추상화(抽象畵)입니다. 어린 아이가 껍질이 반쯤 벗겨진 오렌지를 한 손에 들고 행복하게 웃고 있는 그림을 그린 뒤, 그림의 제목을 '오렌지의 향기'라고 붙여도 좋을 것 같습니다.

"오렌지를 그릴 것인가, 오렌지의 향기를 그릴 것인가?"

이 질문은 로버트 루트번스타인과 미셸 루트번스타인이 쓴 〈생각의 탄생〉이 제게 던진 질문입니다. 책 속에서 만난 문장은 '오렌지와 사람의 촉감, 냄새, 동작, 소리 등을 추상화한 사람은 별로 없다.'는 문장이었습니다. 이 말이 제겐 '오렌지의 향기'를 표현한 사람은 별로 없다는 말처럼 들렸습니다. 문득, '오렌지의 향기'를 그리고 싶다는 생각이 들었습니다.

그날 이후, 저는 글을 쓰고 그림을 그릴 때마다 '오렌지를 그릴 것인가, 오렌지의 향기를 그릴 것인가?'라는 질문 앞에 서야 했습니다. 또한 두 딸아이의 아버지 노릇을 어떻게 해야 할지 고민스러울 때도 '오렌지를 그릴 것인가, 오렌지의 향기를 그릴 것인가?'라는 질문 앞에 서야 했습니다. 무엇보다도, 크고 작은 신앙적인 문제에 부딪칠 때마다 저는 이 질문 앞에 서야했습니다.

이 질문 앞에 서야했던 분명한 이유가 있었습니다. 오렌지의 향기를 그릴 수 있다는 것은 복잡한 것들을 단순화 시킬 수 있는 힘이 있다는 의미일 것입니다. 그러므로 제가 '오렌지의 향기'를 그리고 싶다는 것은, 삶의 문제들을 보다 단순명료하게 그리고 정확하게 바라보고 싶다는 것입니다. 그래야 시시각각으로 다가오는 변화무쌍한 삶의 문제를 해결할 수 있는 더 좋은 해결책을 찾을 수 있기 때문입니다.

이러한 질문에 대한 답을 찾는데 절대적인 도움을 준 것은 신앙이었습니다. 오렌지를 그린다는 것은 그리 어려운 일이 아니지만, 오렌지의 향기를 그린다는 것은 얼마나 어려운 일인가요?

추상화의 거장 피카소는 '눈'이 아니라 '마음'으로 본 것을 그렸다는 유명한 말이 있습니다. 그러니 '오렌지의 향기'를 그린다는 것은 '실제의 눈'이 아니라 '마음으로 보는 눈'을 가질 때 비로소 가능할 것입니다. 신앙을 갖는다는 것은 어쩌면 '눈'이 아니라 '마음'으로 사람들을 바라보겠다는 다짐일지도 모릅니다. 신앙을 갖는다는 것은 어쩌면 '눈'이 아니라 '마음'으로 세상을 바라보겠다는 다짐일지도 모릅니다. 그리하여 신앙을 갖는다는 것은 어쩌면 '눈'이 아니라 '예수님의 마음'으로 삶을 바라보겠다는 다짐일지도 모릅니다.

'오렌지의 향기'를 그릴 수 있게 해달라고 주님께 늘 기도했습니다. 물론 제가 기도한 '오렌지의 향기'는 단지 '인간의 향기'나 '예수님의 향기'만을 의미하는 것이 아니었습니다. 굳이 제가 그리고 싶었던 '오렌지의 향기'에 관한 예를 들자면 성경의 요한복음에서 찾아볼 수도 있겠습니다.

서기관들과 바리새인들이 간음한 여자를 예수님 앞으로 끌고 와 물었습니다.

"선생이여 이 여자가 간음하다 현장에서 잡혔습니다. 모세는 율법에 이러한 여자를 돌로 치라 명하였는데 선생은 어떻게 말하시겠습니까?"

예수님은 몸을 굽혀 손가락으로 땅에 무언가를 쓰셨습니다. 그리고는 그들에게 말하셨어요.

"너희 중에 죄 없는 자가 먼저 이 여자를 돌로 치라."

예수님은 이 말을 마치시고 또다시 몸을 굽혀 손가락으로 땅에 무언가를 쓰셨습니다. 간음한 여자를 끌고 온 서기관들과 바리새인들은 양심의 가책을 받고 모두 그 자리를 떠날 수밖에 없었습니다.

예수님이 손가락으로 땅에 쓰신 것은 무엇일까요? 예수님은 어째서 긴박한 상황에서 땅에 뭔가를 쓰셨을까요? 어쩌면 오렌지의 향기를 그린다는 것은 바로 그런 것일지도 모른다는 생각이 들었습니다. '오렌지의 향기'를 그린다는 것은, 인간의 언어로 설명할 수 없고, 인간의 인식으로 가닿을 수 없는 예수님의 마음에 조금이라도 가닿으려고 애쓰는 것일지도 모른다는 생각이 들었습니다. 나의 내면 깊숙한 곳에서 들려오는 예수님의 음성에 최대한 귀를 기울이는 것. 세상의 가치로 가득 찬 내 뜻을 내려놓고 예수님의 뜻은 무엇일까 끊임없이, 끊임없이 스스로를 향해 질문해보는 것. 어쩌면 '오렌지의 향기'를 그린다는 것은 바로 그런 것일지도 모른다고 생각했습니다.

'오렌지의 향기'를 실제로 그렸다면 그것은 추상화일 텐데, '오렌지'를 단순화 시킬 수 있는 내공을 가진 사람만 '오렌지의 향기'를 그릴 수 있습니다. 앞에서도 말씀드렸지만, 제가 글을 쓰고 그림을 그릴 때마다, 또한 두 딸아이의 아버지 노릇을 제대로 하고 싶을 때마다, 그리고 신앙적인 문제에 부딪쳤을 때마다, '오렌지를 그릴 것인가, 오렌지의 향기를 그릴 것인가?' 저 스스로에게 질문을 던졌다는 말의 뜻은, 제게 주어진 삶의 문제를 좀 더 단순명료하게 바라 보고, 단순명료하게 해결하고 싶었다는 뜻입니다.

더 세밀히 말씀드리면 복잡한 삶의 상황들을 좀 더 단순화시킬 수 있는 분별력을 갖고 싶었다는 뜻입니다. 물론 여전히 부족함이 있다는 것을 알고 있지만, 이러한 저의 소망에 절대적인 도움을 준 것은 신앙이었습니다.

예수님을 제대로 믿는 사람은 실제로 삶의 여러 가지 문제들을 단순화 시킬 수 있는 힘이 있습니다. 성경에 기록되어 있는 예수님의 말씀과 주일 예배 시간 목사님이 전하는 예수님의 말씀은 삶의 중요한 순간마다 우리에게 진짜로 중요한 것과 전혀 중요하지 않은 것을 가르쳐 주기 때문입니다.

참된 신앙은 지금 우리가 무엇을 해야 하는지, 그리고 무엇을 하지 말아야 하는지를 명확히 가르쳐 주기 때문입니다. 그것은 단지 윤리적인 가르침을 뛰어넘는 것이었습니다. 그러므로 예수님을 믿는 사람들은 복잡한 인간의 삶을 보다 단순명료하게 해석할 수 있고, 혼돈과 부조리로 가득 찬 세상을 보다 명민하게 대처해 나갈 수 있다고 저는 생각합니다. 여전히 미진한 부분은 남아 있다 해도, 단

한 번이라도 시행착오를 줄일 수 있다는 것은 얼마나 의미 있는 일인가요?

예수님께 기대어, 인간과 세계 사이에 놓여 있는 침묵의 소리에 귀를 기울이는 것, 그것이 기도라고 생각합니다. 쉽게 예측할 수도 없고, 설명할 수도 없고, 정확히 읽어낼 수도 없는 수많은 삶의 상황들, 그것들을 오직 예수님께 기대어 예측하고 설명하고 읽어 내는 것, 그것이 기도라고 생각합니다. '오렌지의 향기'를 그리는 것, 그것이 기도라고 생각합니다. 그러므로 예수님을 믿는 사람들은 '오렌지의 향기'를 그리는 사람들이라고 말할 수도 있겠습니다.

"자신이 신앙생활을 한다는 사실 때문에 스스로 선한 사람이라고 느껴질 때는 - 특히나 자기가 다른 사람보다 낫게 느껴질 때는 - 확실히 하나님이 아니라 악마를 따르고 있다고 보면 됩니다."

이 말은 〈순전한 기독교〉를 통해 C. S.루이스가 한 말입니다. 자신이 하나님을 믿는다는 사실때문에 하나님을 믿지 않는 사람들보다 우월하다고 느낀다면, 그것은 하나님을 따르는 것이 아니라는 것입니다. 그래서 독일 신학자 디트리히 본회퍼는 "기도는 자기 과시의

정반대이다."라고 말했을 것입니다.

만약에 크리스천이 우월감을 가지고 하나님을 믿지 않는 사람들을 대한다면, 그는 단 한 명의 사람도 하나님께로 전도할 수 없습니다. 우월감을 가진 자의 말을 누가 귀담아 듣겠습니까? 심지어는 크리스천들 사이에도 우월감이 작용해 동료 크리스천들에게 상처를 주기도 합니다. 자신의 하나님이 다른 사람의 하나님보다 더 크다고 느끼는 것이지요.

프랑스 철학자 루이 알뛰세르의 밀이 앞에서 말씀드린 C. S. 루이스의 말과 조화를 이루며 울림을 줍니다. "만년설 가득한 히말라야의 높은 산에 살고 있는 토끼가 가장 조심해야할 것은 동상에 걸리지 않는 것이 아니라, 평지에서 살아가는 코끼리보다 자신이 더 크다고 혼동하지 않는 것이다."라고 루이 알뛰세르는 말했습니다. 히말라야의 산이 높고 큰 것이지 그 산에 살고 있는 토끼가 높고 큰 것은 아니라는 것입니다. 그런 의미에서, '오렌지의 향기'를 그린다는 것은 나를 통해 한 사람이라도 더 하나님께로 올 수 있도록 나를 낮추어 '전도의 방법'을 고민하는 것이라고 말할 수도 있겠습니다.

기도하는 자는 결코 불행해지지 않는다

죽은 예수가 어떻게 3일 만에 다시 부활할 수 있냐고, 예수님의 부활을 의심했던 적이 있습니다. 떡 다섯 개와 물고기 두 마리로 구름 떼처럼 모여 있는 사람들을 배불리 먹였다는 오병이어의 기적은 불가능한 일이라고 생각했던 적도 있습니다. 아무리 예수님이지만 어떻게 물 위를 걷느냐고 생각했던 적도 있습니다. 몸이 하나인데, 어떻게 한 몸이 하나님도 되고 동시에 예수님도 될 수 있느냐고, 생각했던 적도 있습니다. 살아서 천국을 가본 사람은 단 한 명도 없을 테니, 정말로 천국이 있다고 확신할 수 있는 사람은 아무도 없을 거라고 생각했던 적도 있습니다. 이런 저의 믿음은 얼마나 형편없는 믿음이었습니까? 믿음이라고 말할 수도 없는 것이었지요.

천국이 있다고 말한 것은 사람이 아니라 예수님이었습니다. 사람의 몸을 입으신 예수님은 동시에 하나님이시니, 예수님의 능력은 인간의 영역이 아니라 신의 영역이었습니다. 신의 영역이 인간의 인식이나 상식이나 상상을 초월하는 것은 지극히 당연한 일이었습니다. 신의 영역을 인간의 인식으로 해석하려고 하니, 예수님의 부활도, 오병이어의 기적도, 삼위일체도, 천국의 존재도 의심할 수밖에 없었던 것입니다. 신의 영역에서 일어난 일에 대하여 인간의 이성이나 상식으로 가능하다 혹은 불가능하다 이야기하는 것은 앞뒤가 맞지 않은 것입니다.

사람이 100미터를 3~4초 만에 뛰었다면 그것을 믿는 사람은 없습니다. 인간의 능력으로 불가능하다는 것을 이미 알고 있기 때문입니다. 그러나 치타가 100미터를 3~4초 만에 뛰었다고 말하면 사람들은 믿습니다. 치타가 뛰는 모습을 실제로 본 적은 없지만 뛰는 속도를 보면 가능할 거라고 믿는 것입니다. 혹은 치타를 오랫동안 연구한 권위 있는 연구자의 말을 아무런 의심도 없이 그대로 믿어버리는 것입니다.

이처럼 인간은 인간의 가능성과 불가능성의 경계를 분명히 알고 있습니다. 심각한 문제는 인간의 가능성과 불가능성에 대한 기준으로 자연의 모든 것을, 심지어는 신의 영역까지도 한계 짓는 오류를 범한다는 것입니다.

인간이 달나라에 간 것은 오래전 일입니다. 그러나 현대 과학은 지금까지 우주 구성의 4퍼센트 정도를 발견했는데, 그것이 4퍼센트인 것은 어떻게 알 수 있겠느냐고, 인간의 이성과 과학이 미치는 범위는 이토록 약소하다고, 신영복 교수는 자신의 저작 〈담론〉에서 말했습니다. 신영복 교수는 네덜란드 작가 반 에덴의 〈어린 요한〉이라는 동화를 통해, 자연 속에서 최선을 다해 살아가고 있는 버섯에게, 오직 인간의 기준으로, 버섯을 식용으로 하는 인간의 논리로 '독버섯'이란 이름을 붙여버린 인간에 대해서도 이야기했습니다.

인간이 살아가는 세상은 도무지 말로 설명할 수 없는 것들이 넘쳐납니다. 이성을 맹신하는 과학계에도 인간의 인식이나 상식으로는 도무지 설명할 수 없는 것들이 수도 없이 많습니다. 지금까지의 놀랄 만한 업적에도 불구하고, 인간의 이성은 무력하기 짝이 없습니다. 이런 의미에서 필립 얀시의 글은 믿음직스럽습니다.

"믿음이란, 증명할 수 없는 것들을 믿고, 결코 확신할 수 없는 것들에 헌신하는 것을 뜻한다. 믿음 안에 사는 사람은 우리의 이성에 반대되는 것들을 신뢰한 채, 불충분한 증거만을 가지고 앞으로 나간다."

세상 사람들이 병들고 배고파 죽어갈 때, 하나님이 계시다면 그 사람들이 그렇게 비참하게 죽어가진 않을 거라고 말하는 사람들이 있습니다. 그렇게 말하는 사람들을 향한 테레사 수녀님의 말은 의미심장합니다. "하나님이 병들고 배고픈 자의 모습으로 우리 곁에 오신 건데, 우리가 그들을 돕지 않아 그들이 죽어가는 것입니다."라고 테레사 수녀님은 말했습니다. 공감이 되시는지요.

예수님을 통해 복(福)을 받는다는 것은 무엇일까요? 단지 내가 하고 있는 일이 잘 풀리는 것만이 복 받는 것이 아니었습니다. 마음 한쪽에 자리 잡고 있는 예수님에 대한 뿌리 깊은 의심에도 불구하고 예수님은 나를 포기하시지 않고 여전히 내 손을 잡고 계신다는 것, 그것이 예수님을 통해 복을 받고 있다는 증거입니다.

돌이킬 수 없을 만큼 타락할 수 있는 내가 덜 타락하는 것, 심지어는 돌이킬 수 없을 만큼 타락해 만신창이가 된 몸으로도 다시금 나를 돌이켜 예수님께로 돌아올 수 있다는 것, 그것이 예수님을 통해 복을 받고 있다는 증거입니다.

욕망의 끝자락을 잡고 전전긍긍할 수밖에 없는 내가, 적으나마 자신의 현재를 돌아보며 마음의 여유를 조금이라도 찾는 것. 가난이나 불행 속에서도 행복이나 감사의 조건을 찾으려고 애쓰는 것. 절망과 질병의 고난 속에서도, 고난을 통해 예수님께서 내게 말씀하시고 싶은 것은 무엇일까, 자신을 향해 진지하게 질문을 던져보는 것, 바로 이러한 것들이 예수님께서 내게 복을 주시고 있다는 증거입니다.

왜냐하면 몰아치는 폭풍우 속에서 바람막이 역할을 해 주신 예수님이 없었다면 나는 벌써 다시는 돌아올 수 없는 천 길 낭떠러지 아래로 떨어지고 말았을 테니까요. 나의 어린 시절, 바람막이 역할을 해 주었던 부모님이 없었다면 나는 얼마나 불행해졌겠습니까?

하지만 주님…… 치열한 먹이 경쟁을 해야 하는 인간의 삶 속에서 모든 욕심을 버리고 주어진 현실에 만족하며 살아간다는 것은 얼마나 어려운 일인가요. 불행 속에서도 행복의 조건을 찾으려고 애쓰는 것은 얼마나 어려운 일인가요. 절망 속에서도 하나님의 뜻은 무엇일까, 자신을 향해 질문을 던진다는 것은 얼마나 어려운 일인가요. 이러한 것들은 다짐에 다짐을 거듭해도 쉽게 가질 수 없는 것들인지도 모릅니다. 제겐 그렇습니다. 그럼에도 불구하고 절망하지 않는 것은 아직 제게 기도가 남아있기 때문입니다. 기도만이 주님께로 갈 수 있는 유일한 길일 테니까요. 제가 인간답게 살 수 있는 유일한 길은 오직 주님을 향한 기도일 테니까요. 기도하는 자는 결코 불행해지지 않는 다는 것을 저는 굳게 믿고 있습니다. 주님.

주님, 올바른 길을 알려주시는 주님의 음성을 듣고 싶습니다. 주님의 음성을 들으려면 매일매일 '큐티'를 하며, '큐티'를 통해 주님의 말씀을 조금이라도 묵상해야 한다는 것을 알고 있습니다. 때론 기쁜 마음으로 때론 슬픈 마음으로 하루의 끝에서 주님의 말씀을 묵상하다보면 주님의 말씀이 그날 겪었던 상황과 절묘하게 부딪치면서 비로소 주님의 음성이 되어 제게로 오기 때문입니다. 그러나 저는 이런 저런 이유를 대면서 기도하지 못하는 날이 많습니다. 심지어는 이 길과 저 길 중에 치열한 고민도 없이 제게 유리한 길을 선택해 놓고 이것이야 말로 주님께서 제게 주신 응답이라고 억지를 부린 적도 있습니다. 그럴 때마다 저는 로마서 8장 26절의 말씀을 떠올리며 저를 위로할 수밖에 없었습니다.

"이와 같이 성령도 우리의 연약함을 도우시나니 우리는 마땅히 빌 바를 알지 못하나 오직 성령이 말할 수 없는 탄식으로 우리를 위하여 친히 간구하시느니라"(롬 8:26).

주님, 저는 주님을 사랑한다고 자신 있게 고백하고 있지만, 실제의 제 모습은 그 반대일지도 모릅니다. 주님을 진정으로 사랑하는 방법을 제가 모를 수도 있기 때문입니다. 그러나 주님, 제가 마땅히 빌 바를 알지 못할 때도, 말할 수 없는 탄식으로 저의 연약함을 도와주십시오. 주님을 진정으로 사랑하는 법을 가르쳐주십시오. 제겐 쉽지 않은 일이겠지만, 제 생각의 주도권을 쥐고 있는 세상의 가치를 내려놓고, 세상이 제 가슴 속에 심어 놓은 부질없는 소망들을 내려놓고 오직 주님의 목소리에만 귀를 기울일 수 있도록 저를 인도해 주십시오. 저의 일상을 기도로 채울 수 있도록 도와주십시오. 수많은 다짐에도 불구하고 그리할 수 없는 저를 불쌍히 여겨주십시오.

기도하는 자는 결코 불행해지지 않는다는 것을 알기에, 밤나무 숲이 내려다 보이는 캄캄한 작업실 창가에 엎드려, 뜨거운 마음으로 주님께 기도드립니다. 사랑하는 나의 주님.

저의 신앙은
어린 새의 모습을 닮았습니다

제가 주님을 처음 만난 것은 초등학생 시절 여름성경학교였습니다. 매일매일 맛난 것을 주는 것이 좋았고, 칭찬받고 상장 받는 것이 좋아 교회에 갔지만 그게 전부는 아니었습니다. 제가 좋아했던 여자 전도사님이 기도할 때마다 울먹이셨는데, 전도사님을 울게 하신 주님은 도대체 어떤 분이실까, 저는 몹시 궁금했습니다. 전도사님을 울게 하신 주님을 원망했는지도 모르겠습니다. 그 시절의 저는 철없는 아이였으니까요.

초등학교를 졸업하고 고등학교를 졸업할 때까지 오랜 시간 동안 신앙생활을 하지 않았습니다. 참으로 중요한 시절을 놓쳤던 것입니다. 청년 시절에도 교회를 들락날락거리며 저의 신앙은 방황했습니다. 그 후 20년이 넘도록 비교적 올곧은 마음으로 신앙생활을 하고 싶었으나, 돌이켜 생각해 보면 주님을 향한 저의 믿음은 정말로 변덕스러웠습니다. 지금도 저의 신앙은 어린 새의 모습을 닮았습니다. 순수를 간직한 어린 새의 모습이 아니라, 철딱서니 없는 어린 새의 모습 말입니다.

분명한 것은, 주님을 제대로 알기 전에 저의 삶은 지금보다 훨씬 더 분별력이 없었다는 것입니다. 참으로 분별력이 없는 행동도 많이 했고, 이런저런 추악한 상상으로 저를 더럽히고 나면 저 자신을 향해 '쓰레기'라고 고백할 수밖에 없었습니다. 주님을 제대로 알고 나서도 저는 여전히 추악한 상상을 합니다. 하지만 그런 저 자신을 향한 고백은 이전과 분명히 달라졌습니다. 이전과는 달리 "주님, 저를 불쌍히 여겨 주세요"라고 저는 고백할 수 있었으니까요.

이 두 가지 고백은 별 차이가 없는 것 같지만 엄청난 차이가 있었습니다. 자신을 향해 '쓰레기'라고 고백하는 사람은 자신을 사랑할 수 없습니다. 그러나 쓰레기 같은 자신의 모습에도 불구하고, "주님, 저를 불쌍히 여겨 주세요"라고 고백할 수 있는 사람은 자신을 여전히 사랑할 수 있습니다. 주님을 알게 되어 저는 저를 더욱 사랑할 수 있게 되었습니다. 주님을 알게 되어 저는 이전보다 훨씬 행복한 사람이 되었습니다.

주님이 가르쳐 주신 사랑을 실천하며 묵묵히 이 길을 걸어가겠습니다. 제게로 날아올 새를 생각하며. 그리고 주님께로 날아갈 새를 생각하며. 사랑하는 나의 주님…….

집으로 가는 길

집으로 가는 길, 시장 골목에 있는 꽃집에 들러 꽃을 샀습니다. 3천 원 주고 산 국화를 신문에 둘둘 말아 산 고개 넘어 아버지, 어머니 계신 집으로 갔습니다. 국화를 두 다발로 나누었습니다. 국화 한 다발을 아버지, 어머니의 가난한 식탁에 놓았습니다.

나머지 한 다발을 신문지에 싸서 앞산을 올랐습니다. 굴참나무 숲을 지나, 찔레나무 숲을 지나, 팥배나무 숲을 지나, 양지꽃 언덕을 내려오면 제가 살고 있는 집이었습니다. 구겨진 신문을 벗기고 남은 한 다발 국화를 큰딸아이 방에 놓았습니다. 사랑한다고, 사랑한다고, 저 대신 국화가 말해 주었습니다.

프리지어 꽃 시들면 튤립 손에 들고, 튤립 시들면 나리꽃 손에 들고, 어쩌다, 어쩌다, 주머니까지 시들면 길가의 달맞이꽃 손에 들고 저는 집으로 갑니다. 양쪽 귓속에선 1초도 쉬지 않고 찢어질 듯 고음이 들려오지만, 때때로 주저앉고 싶을 만큼 어지러울 때도 있지만, 하나님이 밝혀 주신 꽃등, 손에 들고 저는 집으로 갑니다.

"하나님이 모든 것을 지으시되 때를 따라 아름답게 하셨고 또 사람들에게는 영원을 사모하는 마음을 주셨느니라 그러나 하나님이 하시는 일의 시종(始終)을 사람으로 측량할 수 없게 하셨도다"(전 3:11).

사명선언문

너희가 흠이 없고 순전하여……세상에서 그들 가운데 빛들로
나타내며 생명의 말씀을 밝혀 _ 빌 2:15-16

1. 생명을 담겠습니다
만드는 책에 주님 주신 생명을 담겠습니다.
그 책으로 복음을 선포하겠습니다.

2. 말씀을 밝히겠습니다
생명의 근본은 말씀입니다.
말씀을 밝혀 성도와 교회의 성장을 돕겠습니다.

3. 빛이 되겠습니다
시대와 영혼의 어두움을 밝혀 주님 앞으로 이끄는
빛이 되는 책을 만들겠습니다.

4. 순전히 행하겠습니다
책을 만들고 전하는 일과 경영하는 일에 부끄러움이 없는
정직함으로 행하겠습니다.

5. 끝까지 전파하겠습니다
모든 사람에게, 땅 끝까지, 주님 오시는 그날까지
복음을 전하는 사명을 다하겠습니다.

서점 안내

광화문점 서울시 종로구 새문안로 69 구세군회관 1층
02)737-2288(T) 02)737-4623(F)

강남점 서울시 서초구 신반포로 177 반포쇼핑타운 3동 2층
02)595-1211(T) 02)595-3549(F)

구로점 서울시 구로구 시흥대로 577 3층
02)858-8744(T) 02)838-0653(F)

노원점 서울시 노원구 동일로 1366 삼봉빌딩 지하 1층
02)938-7979(T) 02)3391-6169(F)

분당점 경기도 성남시 분당구 황새울로 315 대현빌딩 3층
031)707-5566(T) 031)707-4999(F)

신촌점 서울시 마포구 서강로 144 동인빌딩 8층
02)702-1411(T) 02)702-1131(F)

일산점 경기도 고양시 일산서구 중앙로 1391 레이크타운 지하 1층
031)916-8787(T) 031)916-8788(F)

의정부점 경기도 의정부시 청사로47번길 12 성산타워 3층
031)845-0600(T) 031)852-6930(F)

인터넷서점 www.lifebook.co.kr